Paradis ou Enfer
au temps de mon enfance

Lettres des Caraïbes

Fondée par Maguy Albet, cette collection regroupe des œuvres littéraires issues des îles des Caraïbes (Grandes Antilles et Petites Antilles essentiellement). La collection accueille des œuvres directement rédigées en langue française ou des traductions.

Josette SPARTACUS, *Négropolitude*, 2016

Prosper PLUMME, *Des nouvelles de la solitude*, 2016.

René-Claude MINIDOQUE, *Le champ des Picolettes*, 2015.

Vincent GODEAU, *L'enfant imaginé*, 2015.

George LENO, *Les illusions du sang*, 2015.

Dieurat CLERVOYANT, *Haïti, Expositions sans gant*, 2015.

Daniel COISSY, *Haïti, le soir autour du grand-père. Quatre contes merveilleux*, 2014.

Jacqueline Q. LOUISON, *Le triomphe des crocodiles*, 2014.

Arthur RIDEN-SON, *Le second fils de Dieu*, 2014.

Juan DEL PUNTO Y COMA, *Soirée mondaine*, 2014.

Ces dix derniers titres de la collection sont classés
par ordre chronologique en commençant par le plus récent.
La liste complète des parutions, avec une courte présentation
du contenu des ouvrages, peut être consultée
sur le site www.harmattan.fr

Samy SOLIMAN

PARADIS OU ENFER AU TEMPS DE MON ENFANCE

Roman

L'Harmattan

© L'Harmattan, 2016
5-7, rue de l'École-Polytechnique ; 75005 Paris
http://www.harmattan.fr
diffusion.harmattan@wanadoo.fr
harmattan1@wanadoo.fr
ISBN : 978-2-343-07926-4
EAN : 9782343079264

Introduction

Je me suis souvent posé la question de savoir pourquoi je suis né dans ce pays, au plus profond de la mer des Caraïbes.
J'aime son histoire, même si on a l'impression que Dieu nous a abandonnés depuis sa création.
Quand on me parle d'Haïti, j'ai toujours une petite lueur dans les yeux. Je suis fier de ce que mes ancêtres ont réalisé jusqu'ici. Un vrai exploit, inimaginable, inexplicable, survenu dans les années 1800. Ils ont ouvert la voie à la liberté des Noirs dans le monde entier. Et pourtant, le paradoxe, c'est que 90 % de la population haïtienne de ce petit pays de 11 millions d'habitants sont dans le noir complet. Tous ont un point commun, c'est de partir. Partir là où Dieu donne vie. Tout quitter, s'enfuir, ne jamais revenir. Partir sans regarder derrière, c'est l'histoire du peuple haïtien.

I

Je reviens sur moi et sur ma vie. Ma mère biologique, comme tant d'autres, a pris l'avion en me laissant ainsi que mon frère et ma soeur qui étaient plus grands que moi. Quand elle est partie, ma soeur avait dix ans et mon frère en avait cinq. Ma soeur est devenue comme une seconde mère, c'est elle qui s'occupait de nous. De moi encore plus, j'avais à peine onze mois. Surtout quand ma grand-mère ne pouvait pas s'occuper de moi, quand elle travaillait dans son jardin ou quand elle était au marché, c'est ma grande soeur qui prenait la relève.

Avant que ma mère parte, je marchais déjà. Et puis, je suis tombé malade, une maladie qui venait de nulle part, je ne pouvais plus marcher, je me traînais sur le ventre comme un serpent. Les gens parlaient beaucoup mais personne ne comprenait ma maladie. Tous les voisins pensaient que j'allais mourir.
Dans ce petit pays, quand un enfant en pleine forme tombait malade si brusquement, et en plus si gravement, ce ne pouvait pas être une maladie soignable à l'hôpital. Cela voulait dire qu'il n'avait pas vraiment de problème, c'étaient les gens du voisinage qui ne l'aimaient pas, qui voulaient lui faire du mal.

Au fait, moi, je me prénomme Charlot, c'est comme ça qu'on m'appelle depuis que je suis né.

Mon grand-père disait toujours que les Haïtiens sont fous. Je croyais que c'était dû au soleil qui tape sur leur tête chaque jour un peu plus. Parfois, on avait l'impression que le ciel allait nous tomber dessus, que le soleil des Caraïbes ne se couchait jamais. Il est toujours présent, toute l'année, il n'est jamais fatigué.

Mon grand-père croyait, lui, que les Haïtiens sont fous parce qu'ils ne pensent jamais ni par mois, encore moins par année, ils vivent au jour le jour, ils ne réfléchissent pas. Il me disait : " tout ça a commencé depuis longtemps, depuis la création de la nation, quand le premier président haïtien qui se faisait appeler l'empereur Ier, monsieur Jean-Jacques Dessaline, a gagné la bataille finale, la bataille de Vertière contre les Blancs français. Le jour qui précéda la victoire de Dessaline, il a fait tuer tous les Blancs qui restaient et qui travaillaient, il a aussi brûlé toutes les plantations qui pouvaient alors donner de la nourriture en abondance au peuple haïtien". Mon grand-père disait aussi que, s'il avait eu un peu de bon sens, s'il n'avait pas été si égoïste, il aurait pensé et fait différemment, ce Dessaline.

Des fois, il me disait "pourquoi brûler les habitations qui auraient pu servir encore aujourd'hui?".

Mon grand-père aimait beaucoup les Blancs. Peut-être parce que lui-même était un peu blanc, sa mère était mûlatre, madame Elise Verdier. J'étais déjà né lorsqu'elle nous a quittés mais je n'ai aucun souvenir d'elle.

J'ai appris que le père d'Elise était un Français aux yeux bleus, il se nommait Jean-Marc Verdier, quoi de plus français ! Je ne comprends pas pourquoi mon grand-père parlait comme ça, moi j'étais plutôt du côté de Dessaline, je l'admirais même, il nous avait délivré de la tyrannie des Blancs, nous avait sauvés de l'esclavage. Mon grand-père me disait "un jour, quand tu seras grand, tu verras, tu comprendras la vie de ce pays".

Je pense qu'il n'aimait tellement pas ce pays qu'il a tout fait pour envoyer ses enfants à l'étranger. En plus, en grandissant, j'ai appris qu'il avait un certain penchant pour les femmes blanches. Il aimait vraiment beaucoup les femmes, toutes les femmes. Dommage pour lui, ma grand-mère est très noire. Elle s'appelle Macianne Valentin.

A cette époque-là, je ne parlais pas encore et c'est ce jour-là que j'ai commencé. Je n'arrêtais pas de pleurer parce que j'avais besoin de manger, ma grand-mère a été obligée de sortir au milieu de la nuit pour m'acheter quelque chose.
Quand elle est arrivée à la boutique, c'est une dame qui s'appelle Renée qui lui a ouvert. Elle a demandé à ma grand-mère ce qu'elle faisait dehors à cette heure-ci.
- Charlot est réveillé, il a faim. J'ai rien à la maison et je n'ai pas d'argent, Resma est parti chez son autre femme à Saint-Georges, est-ce que tu pourrais me faire crédit? Quand monsieur rentrera, je te paierai, ne t'inquiète pas.
(Quand ma grand-mère appelle mon grand-père monsieur, c'est qu'elle est très fâchée).
Même si mon grand-père avait de nombreuses femmes, c'était toujours lui l'homme de la maison.

En fait, depuis que je suis tout petit, ma grand-mère était devenue pour nous Maan, ce petit nom était venu tout naturellement, elle était pour nous notre maman. Mon grand-père Resma, lui, était Nonck aux yeux de tous. Maan et Nonck ne dormaient plus dans le même lit depuis bien longtemps. Nonck travaillait énormément, il avait toujours de l'argent de côté. En plus, ses quatre enfants qui étaient alors à l'étranger lui envoyaient de l'argent de temps en temps. Les femmes le vénéraient dans le quartier.

Maan était toujours à la porte à attendre la réponse de madame Renée.

- Rentre donc, y'a pas de problème, je te vendrai tout ce que tu veux, tu sais bien.
- Je veux juste un cola et du pain au beurre, je te ramènerai l'argent demain matin quand Resma rentrera à la maison.

Mon grand-père, lorsqu'il dormait dehors, rentrait toujours avant que le coq chante, c'était son habitude et personne n'aurait pu changer ça, même une nouvelle femme.

Maan a pris le pain et le cola, elle avait aussi sa petite lampe dans la main. Dans mon petit quartier, quand il y avait la pleine lune dans le ciel, tout le monde était content, la lune était symbole de lumière dans tout le village. Nonck disait toujours que c'est la seule chose que Dieu a faite de bien pour ce pays, lui qui ne croyait pas en Dieu.

Maan a pris la route, il y a à peine cinq cents mètres entre la maison de Renée et la nôtre. Tout à coup, elle n'a plus eu de gaz et la lumière s'est éteinte avant d'arriver à la maison.

On habitait alors dans une petite maison en paille, construite à la chaux et au sable de mer. Les murs étaient peints en blanc et les portes en jaune. Il n'y avait que deux chambres. Dans le salon, trônait un gros coffre qui appartenait à mon grand-père et où il entreposait toutes sortes de choses. Des fois, je me demandais comment il avait fait pour que ce coffre atterrisse là. Cette boîte avait presque la même largeur que le salon et nous étions cinq à dormir a côté d'elle.

Nonck faisait toutes sortes de business mais il était surtout prêteur sur gages (quand il prêtait de l'argent aux voisins et que ceux-ci ne pouvaient pas le rembourser en temps et en heure, ils devaient lui ramener des sacs de pistache, de pois, de riz... voilà l'utilité de la boîte!).

Quand Maan est arrivée avec le cola et le pain au beurre, elle avait un grand sourire aux lèvres. Elle a dit à voix basse que cette Renée était une diablesse parce qu'elle ne dormait jamais la nuit. Je suppose que c'est pour cette raison qu'elle est partie chez elle et non pas chez quelqu'un d'autre. Maan n'avait peur de personne, même pas de Renée.
J'étais très content de ce qu'elle m'avait ramené et tout est allé de mieux en mieux pour ma santé assez rapidement.

II

Bientôt, il allait falloir rentrer à l'école. Moi, je n'étais pas ravi à cette idée. Mais tous les autres enfants étaient contents, y compris mon frère, ma soeur et mes cousins. Puisque que je ne voulais pas aller à l'école, le jour de la rentrée des classes, je me suis réveillé plus tôt que tout le monde pour aller dans les mornes avec mon grand-père, lui qui se réveille toujours à quatre heures du matin. Maan lui disait toujours que normalement c'est les diables qui ne dorment pas la nuit et lui ne répondait jamais. Quand nous étions seuls dans les montagnes ensemble, il me répétait : "un homme responsable doit se réveiller tôt même s'il ne travaille pas, il se doit de donner l'exemple à ses enfants".
Pourtant, mon grand-père n'avait pas d'enfants en bas âge. Je suppose qu'il parlait pour moi, mon frère et mes cousins.

Quand il m'a trouvé dehors, il m'a demandé "qu'est-ce que tu fais là, toi?" Il me regarda fixement et me dit "va te coucher". Meme si j'avais l'envie de dormir dans les yeux, je ne voulais pas retourner à la maison, je n'avais pas envie que ma grand-mère m'entende. Quand il m'a dit ça, il était déjà loin. Avec mes petits pieds tout menus, je l'ai suivi. Il m'a vu le suivre et pourtant n'a rien dit. C'était comme ça, mon grand-père et moi, on avait pris l'habitude d'aller dans les montagnes ensemble.

Nous étions cinq enfants à vivre chez mes grands-parents, comme une petit colonie, mon frère, ma soeur, deux de mes cousins et moi. On dormait tous ensemble, on mangeait tous ensemble et on avait un point commun tous les cinq, sans mère ni père, tous partis à l'étranger pour aller chercher une vie meilleure.

J'étais l'avant-dernier de la bande et très apprécié par mon grand-père. Personne ne pouvait me toucher s'il était là. Il m'aimait beaucoup et je lui rendais service quand il avait besoin de moi.

    Pendant que nous changions les cabris et les boeufs de place, mon grand-père m'a parlé mais je n'ai pas compris ce qu'il disait. J'avais encore très sommeil. De loin, j'ai entendu une voix forte d'en bas, ça faisait même des échos. C'était en fait ma grande soeur qui était venue me chercher. Moi qui pensais que tout le monde était déjà à l'école et que j'avais réussi à leur échapper. Mais non ! J'allais certainement plutôt prendre des tapes. Ma grande soeur était très en colère. Heureusement que Nonck était là. Elle a pris mes petits bras fins et a dit "tu sais, à cause de toi, on va tous être en retard, je t'ai cherché partout". Elle était déjà toute belle avec sa robe turquoise et sa chemisette jaune. "Je sais pas comment t'a fait pour arriver ici tout seul". Elle a pris ma main pour me traîner vers la maison, je n'avais à ce moment-là aucune notion du temps qu'il nous faudrait pour arriver à l'école.

    En arrivant, ma grand-mère, qui buvait du café, a regardé ma soeur et lui a demandé :
- Il était où?
- Il était avec Nonck.
- Comment ça? Il s'est réveillé si tôt? C'est fou ça, bon Dieu.

Elle fait toujours ça quand elle est un peu contrariée, elle invoque le bon Dieu. Ma grande soeur m'a regardé avec un air méchant "va trouver Ken pour t'habiller, après je viendrai te brosser les dents". Je ne l'avais jamais fait seul mais quand elle frottait, mes gencives saignaient toujours.

Arrivé à l'école, j'ai trouvé tous les autres enfants contents autour de moi. Quand je me suis installé dans la classe, certains pleuraient quand même. J'avais une petite boîte dans la main avec de la nourriture que ma grand-mère m'avait préparée et du jus d'orange. Je ne pensais qu'à une seule chose, manger ce qu'il y avait dans la petite boîte.
Ma maîtresse était très moche, elle avait une tête pas terrible, elle ne souriait pas et se tenait toute droite devant la porte. Tout de suite, j'ai eu peur de cette dame.
Dans la classe, les enfants devaient se tenir la main pour prier ensemble. A dix heures précises, la cloche a sonné, tous les enfants se sont mis debout, certains pleurnichaient, d'autres riaient. Certains même dansaient, en fait ils faisaient tous du bruit et moi je suis resté dans mon coin, perdu dans un lieu inconnu, moi qui n'avais jamais quitté la robe de ma grand-mère.

Pendant que je regardais dehors, un court instant, j'ai entendu la maîtresse qui parlait, elle disait qu'il fallait prier encore avant de manger. Je me disais, ce matin on a déjà prié et deux heures après il faut recommencer, j'avais l'impression d'être à la messe. De la façon qu'elle avait de nous regarder, je lui avais déjà donné un petit surnom : la tigresse.
Je me disais aussi que j'avais prié deux fois un Dieu que je n'avais jamais vu et dont je n'avais jamais autant entendu parler.

Là où j'habite, personne ne parle de Dieu. Chez moi, il y a trois vaudouisants, les gens viennent de partout les voir, même si je ne comprenais pas pourquoi. Ma grand-mère me disait toujours que ces gens venaient ici pour la guérison ou pour trouver une solution à leur problème.

Et pourtant, dans la classe, on devait prier "notre Père qui êtes aux Cieux", mais moi je ne faisais pas attention à ce que disait la tigresse.

Je continuais à regarder dehors pour chercher un visage connu. Je savais que mon frère et mes cousins étaient dans le même établissement que moi mais je ne savais pas exactement où. J'ai regardé partout si je pouvais apercevoir ma grande soeur Marie et mon frère Ken. J'ai regardé à droite et à gauche, je n'ai vu personne de ma connaissance. Je suis resté pendant un bon moment tête baissée, j'étais fatigué de trop regarder partout pour rien.

Les portes étaient grandes ouvertes sur la cour, j'ai eu la sensation pendant un moment que j'étais dans un rêve. D'un coup, je me suis réveillé, j'ai regardé au loin, il me semble avoir vu l'un de mes cousins sortir de l'école.

J'ai vu tout le monde sortir de la classe, je ne savais pas ce qu'il se passait et où nous devions aller. Je me suis précipité dehors aussi avec ma boîte à la main. J'ai failli tomber sur la petite marche en béton qui était devant la porte. Je voulais retrouver mon cousin, j'ai pris une grande inspiration et j'ai couru.

III

Je n'ai retrouvé personne de ma connaissance dans la cour mais ne me suis pas laissé aller, je me suis souvenu de là d'où je venais. J'ai pris le chemin tout seul, il y avait des camions qui klaxonnaient et des petites camionnettes remplies de pauvres paysannes qui allaient vendre leurs provisions au marché. Il y avait des gens qui circulaient en vélo, j'ai eu l'impression d'être dans un autre pays. Je savais qu'il y avait environ un kilomètre entre la maison et l'école, j'ai marché très vite avec mes petites jambes. A un moment, j'ai vu deux dames qui s'insultaient sur la route, il y avait une foule de personnes tout autour d'elles. Par curiosité, je suis allé voir ce qu'il se passait. Il y avait un jeune en sang, couché par terre. Ça m'a effrayé. Je suis resté dix à quinze minutes à regarder, puis j'ai repris ma route, déterminé à rentrer chez moi pour retrouver ma grand-mère. D'un coup, j'ai eu un doute, je ne savais pas quelle route je devais prendre. Je stagnais, au final je n'avais même pas mangé, je suis resté tête baissée à regarder mes chaussures, noires et blanches, avec des lumières tout autour. Quand je marchais, ça brillait. Je les aimais beaucoup, ces chaussures, c'est ma mère qui me les avait envoyées de l'étranger. Ça m'avait fait très plaisir. Quand je regardais mes chaussures, je l'imaginais. Quand elle est partie, elle n'a pas laissé de photo, pour que je puisse voir son visage.

J'étais perdu, je ne savais pas vers où aller. Il y avait un petit carrefour qui s'appelait route des bizo. Jusqu'à main-

tenant, je ne pourrais pas vous dire pourquoi ces trois petits chemins de terre s'appelaient comme ça.
Je savais que j'étais déjà passé par là, je me suis souvenu vaguement que c'était pour aller à la rivière avec Maan. Je suis resté pendant un long moment au milieu de ce petit carrefour. J'avais un peu peur, je commençais même à avoir des frémissements. Je pleurais de plus en plus fort en espérant que quelqu'un m'entende. Je n'arrêtais pas de frotter mes yeux, comme si j'avais quelque chose dans l'oeil. J'ai levé la tête et j'ai vu la femme de mon oncle Luck qui passait à proximité. Elle avait un seau plein sur la tête.

- Charlot tu fais quoi ici tout seul? Tu ne devrais pas être à l'école?

J'étais tellement content de la voir que je n'ai pas pu lui répondre. Elle m'a dit de la suivre. Elle se mit à parler sans s'arrêter.

- J'ai entendu que ce matin tu t'es levé tôt pour aller te cacher dans les montagnes avec Resma pour ne pas aller à l'école.

Elle a secoué la tête et m'a pris par la main, pour elle c'était un geste protecteur, elle a continué à parler :

- toi, Maan va te tuer, je me demande comment tu as fait pour arriver jusqu'ici tout seul.

J'étais content d'être avec elle, pourtant, à l'entendre parler comme ça, j'ai pris peur. Je ne savais pas à quel point ce que j'avais fait c'était mal. Subitement, j'ai recommencé à pleurer, comme si je savais ce qui m'attendait à la maison.

La femme de mon oncle s'appelait Aline et vivait avec ses trois enfants dans une petite ajouppa que son mari avait construite pour elle avant de la laisser pour vivre à l'étranger. Mon oncle était dans le même pays que ma mère. Aline était une dame très timide et gentille. Elle me défendait toujours quand j'avais des problèmes avec mes cousins ou quand ma soeur me tapait.

Malheureusement, elle n'est plus là aujourd'hui. Elle a eu une maladie que même les médecins ne pouvaient pas traiter ni les vaudouisants. Parfois, je reste longuement dans mes pensées, je me dis que, si elle avait été dans un autre pays, elle aurait pu avoir la vie sauve. Elle nous a quittés, que son âme repose en paix.

On est arrivés à la maison. Quand Maan m'a vu apparaître avec tante Aline, elle a été très surprise de me voir. Elle parlait à ce moment-là avec un voisin, monsieur Aulio, qui est vaudouisant. Il a une grande ferme, une grande maison et un péristyle au milieu de la cour. Il avait une autre petite maison devant l'entrée de la ferme, mais personne n'a jamais eu le droit de voir ce qu'il y avait à l'intérieur. Lui seul pouvait y entrer et uniquement lorsqu'il se transformait en Ougan. Il était alors comme une bête sauvage, il pouvait y rester pendant une semaine enfermé, sans manger, avec juste une bouteille de rhum. Cet Aulio avait plusieurs femmes qui vivaient dans la même cour et avec lesquelles il ne se disputait jamais. Nonck disait toujours de lui que les femmes le tueraient d'une manière ou d'une autre, il les aimait trop, moches ou belles. Il avait au moins une cinquantaine d'enfants et une centaine de femmes partout dans le pays, il ne s'est jamais rassasié.
Le frère de mon grand-père Améton était également vaudouisant mais lui n'avait qu'une seule femme. Aulio, quand il se transformait, devenait une sorte de diable qui s'appelait trois-oreilles et c'était ce diable-là qui conquérait les femmes. Il n'avait pas son mot à dire. C'était la vie de notre voisin, monsieur Aulio.

A vrai dire, j'étais peu surpris de le voir ici, il passait toujours vers onze heures du matin, quand mon grand-père était à la pêche. Il venait chercher du bon café que faisait Maan. Nonck ne comprenait pas, il avait tellement de femmes mais aucune ne savait faire du café, il fallait qu'il vienne jusqu'ici. Nonck et monsieur Aulio, c'étaient deux mêmes personnes dans deux corps très différents, ils ne s'aimaient pas du tout. Sachant l'heure à laquelle Nonck devait rentrer, il se préparait à partir. Quand il m'a vu arriver, au lieu de partir, il est resté a écouter ce que Aline avait à dire à ma grand-mère. Aline respectait beaucoup Maan et ne pouvait pas lui mentir. Elle lui expliqua comment elle m'avait trouvé seul, sur la route. Moi j'étais déjà rentré dans la chambre pour me changer.

Après qu'Aline eu expliqué l'histoire à Maan, elle s'est écrié : "mais cet enfant est devenu fou pour prendre cette route dangereuse tout seul! Même moi qui est une adulte, si j'en ai pas besoin, je ne sortirai pas par là. Bon dieu, je vais faire quoi avec cet enfant? ".

J'étais assis au bord du lit et j'ai entendu Aulio dire a ma grand-mère qu'il fallait me punir sévèrement pour que je ne recommence jamais. Elle était d'accord avec lui:

- Je le mettrai à genoux en plein soleil pour lui passer l'envie de refaire un jour une bêtise pareille".
- Laisse-moi faire, cet enfant a besoin d'un homme dans sa vie pour le corriger sans attendre", lui a-t-il répondu.

Il est entré dans la chambre et m'a trouvé planté là, un peu timoré. Il a fermé la porte à double tours pour que je ne puisse pas m'enfuir. Il m'a pris les bras, m'a sorti dehors, a enlevé sa ceinture et a commencé à me taper avec une rage incompréhensible. Il ne s'arrêtait plus, je n'ai cessé de crier pour que Maan vienne me délivrer mais elle n'a rien fait. Monsieur Aulio, c'est comme s'il s'était transformé en ougan à ce moment précis. Ma'an est restée assise sur sa chaise avec sa petite pipe au coin des lèvres, un peu choquée par la réaction de monsieur Aulio. Pourtant elle ne pouvait rien faire, uniquement attendre que la rage de monsieur Aulio passe sur mon dos. Finalement, c'est Aline, qui était entre-temps retournée dans sa petite maison, qui est revenue. Elle faisait alors sa lessive, mais elle a entendu ce qu'il se passait et est venue me délivrer des mains d'Aulio. Elle s'est mise entre mon bourreau et moi et elle aussi a pris des coups de ceinture. Elle s'est également mise à pleurer "arrête, tu vas le tuer". Lui avait un regard furieux. Moi je suis resté par terre, allongé, j'avais la peau qui saignait, je ne pouvais pas bouger. Le visage de monsieur Aulio dégoulinait de sueur. Sa bouche avait une odeur bizarre et empestait l'alcool, si tôt dans la journée. Il hurlait "tu ne doit plus jamais recommencer".

Ma soeur, mon frère et mes cousins sont rentrés de l'école, ils m'ont trouvé à genoux, en plein soleil. Marie a dit à Maan qu'ils m'avaient cherché tout autour de l'école, ce qui les a mis en retard. Maan n'a pas répondu.
Dix minutes plus tard, Nonck est rentré de la pêche. Sans même savoir pourquoi j'étais en plein soleil, il m'a dit de me lever. Ken lui a raconté ce qu'il s'est passé et Nonck est devenu fou de rage. Il s'est même disputé avec Maan à cause de moi en lui demandant pourquoi elle avait permis à Aulio de taper l'un de ses enfants. Il est parti voir Aulio qui n'était pas chez lui et il est rentré furieux. Marie lui a amené sa collation mais il n'a pas voulu manger. Il a prit un petit sac et est parti dans les paturages. Je ne savais pas s'il était furieux parce que Aulio m'avait tapé ou parce qu'il était venu chez nous s'occuper ce qu'il ne le regardait pas. Jusqu'à aujourd'hui, je n'ai pas la réponse à cette question qui reste en suspens dans mon esprit. Depuis cette fameuse journée interminable, je me suis tenu à carreaux. Je continuais ma petite vie mais je n'étais plus comme avant, un enfant rieur, aimant envers sa grand-mère. A vrai dire, ce jour m'avait changé terriblement. A chaque fois que je me

regardais dans le miroir de la chambre, les marques me rappelaient ce jour terrible et je n'ai jamais oublié. Je me disais que quand je serai un peu plus grand je me vengerai en tapant l'un de ses enfants.

Aulio n'est plus venu a la maison prendre son café de onze heures. Je m'étais mis en tête que Nonck l'avait trouvé pour lui dire ses quatre vérités, qu'il ne devait plus jamais mettre les pieds chez nous.

IV

Depuis ce jour où mon grand-père avait pris ma défense, nous étions toujours ensemble. Tous les matins, je me réveillais pour aller dans les montagnes avec lui. Il avait toutes sortes d'animaux, des veaux, des cabris, des moutons et surtout des vaches. Chaque matin donc, on buait du lait de vache et on y rajoutait du sel. Ça nous donnait de la force pour toute la journée. C'était comme un petit rituel entre nous.
On mangeait une fois par jour quand on avait les moyens, sinon on mangeait un jour sur deux. Par contre, tous les matins, on avait toujours un bon café de ma grand-mère avec des petits pains au beurre avant d'aller à l'école.

Jusqu'ici tout allait très bien, c'était presque la fin de l'année scolaire. Pendant toute l'année, j'étais resté tranquille, je ne parlais avec personne, j'étais resté seul dans mon coin.
Ma maitresse était un petit bout de femme très autoritaire. Quand elle élèvait la voix, tout le monde devait se taire, elle ne rigolait pas. Elle pouvait nous punir parfois pendant des heures pour presque rien, parce que l'un d'entre nous avait parlé un peu trop fort par exemple. Elle faisait toujours semblant d'oublier celui qui était puni. Cette femme agissait comme une tortionnaire. Elle faisait exprès de nous mettre à genoux au milieu de l'établissement sous un soleil de plomb. Ça ne l'empêchait pas de se tenir tranquille devant son bureau.
A cette époque, nous portions des uniformes, un bermuda de couleur bleu marine et une chemisette vert kaki. Le

censeur savait ce qu'il faisait en exigeant une tenue identique pour tous les élèves. Nos parents étaient d'accord, c'était une fierté de voir leurs enfants dans de beaux uniformes, cela montrait aussi qu'ils avaient les moyens de nous payer cette établissement privé.

Dans cette école, le directeur et les maitres avaient l'habitude de faire ce qu'ils voulaient avec nous. Comme à mon habitude, j'étais toujours au fond de la classe. Je n'avais réellement qu'une seule amie, Claudia. Elle portait le même nom de famille que moi et c'était également une petite fille très timide. Elle ne levait jamais la voix. Elle avait des yeux noisette, des cheveux très soyeux, on aurait dit une amérindienne. Elle était la plus intelligente de la classe, elle comprenait tout avant tout le monde. Elle ne se mélangeait pas avec les autres camarades. Je pense qu'elle devait se poser les mêmes questions que moi "mais qu'est ce que je fais là, avec cette diablesse de maitresse?"

Il n'y avait pas de chaises individuelles dans la classe, nous étions assis sur de longs bancs durs comme du fer. Rester assis dessus pendant plusieurs heures d'affilée, c'était déjà une punition en soi. Maintenant je pourrais dire que si toutes les écoles du pays avaient les mêmes bancs que l'établissement Batisse de Saint Georges, je peux vous assurer que tous les Haitiens ont des fesses dures comme du béton.

Dans ma classe, il y avait un petit garçon qui s'appelait Tiko Etienne. Il était très turbulent et embêtait tout le monde, même notre maitresse, pourtant réputée pour martyriser les élèves. Elle pouvait le punir encore et encore, cela ne changeait rien. La punition terminée, il recommencait de plus belle. Tiko, on l'appelait l'enfant fou. Il se prenait régulièrement des coups de règle sur les doigts, il pouvait rester à genoux au soleil pendant des heures, cela

ne changeait rien. Il a fini par gagner la bataille, elle le laissait faire et ne lui disait plus rien. Elle faisait semblant de ne pas le remarquer dans la classe. Tiko était devenu le roi de la classe. Plus personne n'avait d'autorité ne sur lui.
Un jour, je ne sais pas ce qui lui a pris, il a jeté la nourriture de Claudia qui mangeait tranquillement a côté de moi. Il attaquait souvent les autres, mais pas Claudia. Même un moustique qui l'aurait piqué ne l'aurait pas fait bougé. Elle commença à pleurer cette fois-ci, tous les élèves savaient dans la classe que j'étais un peu son protecteur. C'était mon devoir de réagir. J'ai eu un coup de sang, j'ai pris sa nourriture et je l'ai jeté dans la boue dehors, c'était alors un jour pluvieux.
Si ma mémoire est bonne, nous étions en mai. A cette époque de l'année, il y avait toujours beaucoup de mangues. Avec mes cousins, lorsque l'on sortait de l'école, on jetait nos sacs sur la table et nous partions dans la montagne manger des mangues fraiches et bien juteuses.

Si vous n'avez jamais mis les pieds dans ce petit pays des caraïbes, sachez que la température ne descend jamais en dessous des 30°C. Il peut y faire très chaud et sec comme il peut y avoir des pluies torrentielles dont on a l'impression qu'elle ne s'arrêteront jamais. Si vous voulez nous rendre visite un mois de mai, il pleut beaucoup mais il fera toujours chaud et vous mangerez les meilleures mangues de votre vie.

Pour revenir à Tiko, il était vraiment irrité, il ne voulait pas sortir récupérer sa nourriture. Il me regardait méchamment, il était comme un petit lion en cage. Toute la classe était silencieuse, même Claudia qui s'était arrêtée de pleurer d'un coup. La maitresse aussi était surprise de ce que j'avais fait. Elle s'est levée de sa chaise pour attraper Tiko, elle n'a pas eu le temps d'ouvrir la bouche que Tiko avait déjà surgi sur moi. Pas de bol pour lui, je suis le petit fils de mon grand-père et j'ai beaucoup de force dans les jambes, j'ai trébuché mais je ne suis pas tombé. Je me suis appuyé sur un poteau en feraille, je me suis un peu fait mal en me cognant la tête. Cela m'a mis encore plus en rage que je n'étais déjà, je l'ai alors jeté par terre et lui ai asséné plusieurs coups de poing. Il était en sang. C'était la première fois que j'en était vraiment venu aux poings avec quelqu'un. Parfois je me chamaillais un peu avec cousins, mon frère et ma soeur me donnaient des tapes quand je faisait des bêtises mais ça n'était jamais allé plus loin que ça. Meme si Tiko était plus musclé que moi, la rage que j'avais en moi m'a rendu plus puissant. La maitresse nous a laissé dans la boue, elle n'est pas intervenue. Pour elle, nous devions être de petites bêtes sauvages, nous n'avions rien à faire dans la classe, nous n'étions que des petits cochons qui se trainaient dans la boue. Je l'ai entendu dire "laissez-les s'entretuer, ça rendra service au pays et leurs parents ne dépenseront plus d'argent pour eux". Et pourtant nous n'avons pas arrêté de nous battre, nous étions à bout de souffle. Tiko était dessous et moi au dessus de lui, les autres enfants n'arrêtaient pas de crier comme des petits poussins qui auraient perdu leur maman.

Les élèves des autres classes sont sortis pour assister au spectacle. J'ai vu mon frère me regarder, j'étais surmotivé pour gagner la bataille, j'avais complètement oublié pourquoi et comment je me suis retrouvé la, à taper quelqu'un comme ça. Ce fut le directeur, venu depuis l'autre côté de l'établissement qui a mis un terme à cette mascarade qui durait depuis bien trop longtemps. Il était habillé de la même façon tous les jours et ne parlait jamais avec les élèves. Il avait un adjoint qui s'occupait de ça pour lui. Je ne pouvais pas vraiment le définir, il était pasteur le dimanche et directeur la semaine. Je pense que c'était pour cette raison que nous étions obligés de prier trois fois par jour dans cette école. La morale de cette histoire, c'est que finalement Tiko et moi étions dans un sale état.

    Le directeur nous a pris tous les deux par le bermuda et nous sommes partis dans son bureau. J'ai jeté un regard inquiet vers mon grand frère, il a détourné les yeux. Un sourire étrange follait aux lèvres de la maîtresse, c'était la première fois que je la voyait comme ça, elle devait penser que cette histoire mettrait un terme à son calvaire. J'étais triste et content en même temps, j'avais gagné ce combat, j'imaginais très naïvement que ça allait changer le comportement de Tiko dans la classe mais je me suis trompé. J'ai aussi pensé à la suite avec un frémissement, monsieur Aulio m'avait dit de ne plus m'agiter dans la classe. Je devais rester a ma place tranquillement sans parler, sans provoquer personne. Ma grand-mère avait répété plusieurs fois que si j'avais des problèmes avec d'autres camarades, je devais prévenir le directeur, qu'il punisse la personne qui m'embetait. J'étais complètement désorienté, je me suis mis à pleurer devant le directeur qui n'a pas compris pourquoi. Il a envoyé chercher ma grande soeur et lui a dit de me ramener chez nous. Demain, il faudrait que Tiko et moi venions à l'école avec nos parents. Ma soeur était furieuse, elle m'a pris la main sans dire un mot. Elle marchait tellement vite qu'elle me trainait derrière elle. Nous étions très proches de la maison quand elle a commencé à me taper. Je voulais lui expliquer comment ça c'était passé, j'aurais aimé lui dire que c'était pour la survie de la classe, je ne pouvais pas rester sans réagir. Elle faisait exprès de ne pas m'écouter, elle m'a lancé un regard assassin qui voulait dire "si tu ne te tais pas, je vais te tuer". Elle n'a pas arrêté de me taper jusqu'à ce qu'on arrive à la maison pour que Maan prenne la relève. Ce jour-là encore, pas de chance, Nonck n'était pas là. C'était toujours lui ou Aline qui me sauvaient des griffes de Marie et Maan. Une fois rentrés dans la maison, Marie a raconté à Maan tout ce que le directeur avait dit et qu'elle devait nous accompagner le lendemain à l'école.

Ma grand-mère était assise sur sa chaise, pipe à la bouche, avec un petit bol de café à côté d'elle et un paquet de tabac frais. Il y avait trois pierres de moyenne taille qui faisaient office de gazinière. Là ou je suis né, nous étions tellement éloignés de tout que nous n'avions pas de réchaud à charbon, encore moins à gaz. A cette époque, il n'y avait pas encore de courant dans mon village. Mes cousins et moi devions aller dans les montagnes chercher du bois sec pour que ma grand-mère puisse faire à manger. Dans la tête de Maan, j'étais vraiment un enfant pas comme les autres. Elle cogitait, elle qui ne levait jamais la main sur moi se demandait ce qu'elle allait faire de moi. "J'ai mis six enfants au monde sans que personne ne vienne devant ma porte rapporter des bêtises qu'ils auraient fait. Maintenant, c'est mon petit-fils de cinq ans qui me fait déplacer pour aller voir le directeur de l'école."
Elle a répété ces mots plusieurs fois avant de se murer dans le silence. À l'entendre parler comme ça, j'ai ressenti beaucoup de tristesse. Je ne l'avais jamais vue comme ça, c'était comme si elle devait aller voir la police. Elle a passé toute la nuit à réfléchir à cette histoire. Personne ne voulait entendre ce que j'avais à dire.

Au fond, ma grand-mère pensait que tout était de sa faute. Cela venait du fait que j'étais tombé malade étant petit, elle m'avait trop frictionné avec des produits vaudouisants. Elle croyait que le vaudou me guérirait mais que cela m'avait rendu un peu fou et que c'était le prix à payer. Après une longue réflexion, elle s'est consolée en pensant que j'aurai vraiment pu mourir, elle qui avait déjà perdu deux de ses enfants de maladies inconnues.

Elle a passé une bonne moitié de la nuit à se demander ce qu'elle allait faire de moi. Moi j'ai fini par m'endormir, assez tard tout de même.
En me réveillant vers six heures pour aller aux toilettes, je l'ai trouvée dehors, assise sur une petite chaise en paille. Elle avait une petite boite d'allumettes jaune à la main droite, sa pipe dans la bouche. A côté d'elle étaient posés deux petits bols, l'un rempli de café, l'autre de sucre. Elle tentait d'allumer un feu pour faire son café du matin. Elle n'avait pas de bois sec, tout était humide. Il faisait presque encore nuit. De loin, j'ai entendu parler mon grand-père qui arrivait, il venait toujours prendre son café vers six heures le matin.

La café de ma grand-mère était pour lui le meilleur café du pays. Même les voisins se déplaçaient en colonie pour venir en boire une tasse. Elle pouvait bien leur en donner encore et encore, ils n'étaient jamais rassasiés. Tout le quartier savait que mon grand-père était très radin, il n'aimait pas beaucoup partager. Ma'an était tout l'opposé de lui. Elle partageait tout ce qu'elle possédait. Pour Nonck, tous ces gens n'étaient que des profiteurs. C'est vrai que parfois quand ma'an rencontrait quelqu'un qu'elle ne connaissait pas, elle l'invitait pour prendre un bon café noir bien sucré. A chaque fois, Nonck était comme malade, il se mettait en rage. Et pourtant, ma grand-mère recommençait chaque jour de plus belle comme si elle faisait exprès. Elle disait toujours à mon grand-père qu'ils s'étaient rencontrés parce que sa mère était une femme gentille, elle avait eu pitié de lui et de son père. Ce jour-là, Nonck et son père sortaient du travail, mon arrière-grand-mère les a vu passer avec un sac de pistaches sur leur dos, c'est pour cela qu'elle les a invité à s'asseoir et à boire un café. C'était la première fois que Maan voyait Nonck. Elle disait que sinon, ils ne se seraient jamais rencontré, parce qu'elle ne sortait jamais dans la rue toute seule. Il lui était interdit de parler avec un homme inconnu. Quand elle répétait ces mots-là, mon grand-père restait toujours silencieux, jusqu'à ce qu'il ait fini son café. Pour lui, le problème c'était que tous les jours c'était pareil, a chaque fois qu'il arrivait pour prendre son café, c'était rempli de monde, c'est ce qui l'énervait le plus.

V

Il était environ sept heures, Maan finissait de prendre son café et se leva pour aller faire sa toilette. Ma soeur et mon frère étaient déjà en uniforme. J'avais vraiment tardé en prenant ma douche, j'étais dans l'angoisse, je savais pas vraiment ce qui allait m'arriver. Même Maan a terminé de s'habiller avant moi. Mon frère et ma soeur sont partis avant nous. Ma'an m'a regardé sans dire un mot, elle est sortie de la chambre et je l'ai suivie.

Quand on est arrivé sur la route nationale, nous avons croisé un monsieur qui s'appelait Roro. C'était un ami de ma mère, il avait une camionette rouge et bleue ou était inscrit "Dieu est bon". Quand il a vu ma grand-mère, il s'est arrêté. Un autre homme était avec lui auquel il a dit de descendre pour faire monter ma grand-mère. Elle était sceptique, Roro a insisté pour qu'elle ne soit pas en retard. Elle a fini par accepter et m'a dit de monter aussi. C'était la première fois depuis vingt-quatre heures qu'elle m'adressait la parole. Nous n'étions même pas à cinq minutes en voiture de l'école. En arrivant, nous avons vu la barrière qui allait se fermer. Ma'an a remercié chaleureusement Roro. Elle lui a redit "quand tu passera près de la maison, j'aimerai beaucoup que tu viennes prendre un café avec moi". Roro a répondu "oui je viendrai sans faute. J'ai pas oublié ton bon café sucré". Elle s'est avancée vers la barrière de l'école que le censeur commençait à fermer. Il connaissait bien ma'an, il avait un jardin de manioc pas très loin de celui de mon grand-père. Parfois quand ma'an ramenait du café pour Nonck, elle l'invitait à les rejoindre. Nonck l'aimait bien aussi, c'était un bon travailleur.

Quand il a vu Maan arriver, il a rouvert la barrière, le père de Tiko était déjà là. Le directeur lui a donné une chaise et l'a invitée à s'asseoir. Madame la maitresse était aussi dans le bureau. Ils se sont mis à parler, chacun avait son argument. C'était comme si Tiko et moi n'étions même pas présents. Le directeur voulait nous punir sévèrement devant les autres élèves pour qu'on ne recommence pas. La maitresse ne disait rien pour une fois. Maan et le père de Tiko se sont levés de leurs chaises, ils ont serré la main du directeur et ont suivi madame la tyrannique.

Quand nous sommes arrivés dans la classe, ils nous ont mis à genoux, ma'an n'était pas ravie. Le père de Tiko a pris sa ceinture et s'est mis à taper Tiko. Il a donné au moins cinquante coups de ceinture, Tiko n'a pas bougé ni pleuré, on aurait dit qu'il avait l'habitude. Il a ensuite passé la ceinture a ma grand-mère mais moi je pleurnichais déjà. J'ai fait mine de la regarder dans la yeux mais elle a détourné le regard. On a pris la raclée du siècle. Maan a dit au revoir à la maitresse puis elle est partie avec le père de Tiko.

Madame la tyrannique a pris la relève et nous a fait mettre à genoux au soleil dans la cour pendant une heure. Dans l'après-midi, quand je suis rentré à la maison, ma'an a fait comme si de rien n'était. Elle m'avait préparé un bon repas typiquement haïtien, c'était du riz, des pois Congo et une sauce de légumes pillés avec de la viande de cabri. Elle savait bien que c'était mon repas préféré. Elle m'avait laissé un grosse assiette. Mes cousins étaient un peu jaloux. Je pense que c'était sa façon à elle de m'excuser.

Depuis ce jour plein de rebondissements, je m'étais tenu à carreaux. J'avais changé de classe, j'avais grandi mais je n'aimais toujours pas aller à l'école. Je pensais que tout le monde était méchant avec moi, que ma grand-mère ne me comprenait pas. Pourtant nous étions auparavant très proches. Désormais, elle manquait d'enthousiasme avec moi

VI

Un soir nous étions tous ensemble au milieu de la cour, la lune était claire, le ciel était à découvert, il y avait de nombreuses étoiles filantes. Mon grand-père racontait une histoire passionnante :
" C'est un monsieur qui s'appelle Togo, il était orphelin et très pauvre. En plus, il était pas très beau. Il avait un métier et une passion, il était marin et aimait aller à la chasse. Il ne sortait jamais le jour car il ne voulait croiser personne. Son visage était marqué et il ne souhaitait pas qu'on le dévisage. Evidemment, il n'avait pas de femme puisqu'il ne sortait jamais.
Les filles de cette ville tenaient beaucoup à l'apparence. Lui pensait qu'il ne méritait pas d'avoir une femme. Un jour ils se leva tôt le matin pour aller à la chasse et se perdit dans la forêt. En marchant, il a vu un grand et beau chateau. Il trouvait ça très étonnant, il se demanda qui avait pu construire ce beau chateau au beau milieu de cette dense forêt. Pendant qu'il s'approchait, il a vu une jolie jeune fille qui jardinait et prenait soin de ses roses. Il n'avait jamais vu une beauté pareille. Elle était toute seule et avait des yeux de feu. Il est resté paralysé sur place à regarder cettte jeune femme. Au loin, il a entendu une voix d'homme alors il a vite déguerpi. Au final, il est rentré chez lui sans chasser. En chemin, il n'a pu s'empêcher de penser à cette beauté sortie de nulle part.
Lui qui ne s'était jamais permis de regarder aucune femme dans sa vie, maintenant voilà qu'il se mettait à rêver, à espérer même. Il cogitait beaucoup :

– oh bon Dieu, je suis si moche et si pauvre, je ne demande rien à personne, mais pourquoi tu a mis de telles pensées dans mon esprit? Cette déesse ne me verra jamais comme moi je la vois.

Tous les jours à la même heure, il allait à la chasse et trouvait la fille à la même place. Elle était de plus en plus magnifique et le hantait chaque jour un peu plus, même dans son sommeil. Pour lui, c'était une évidence, un signe céleste. Il avait un rendez-vous avec la plus belle femme du monde et il se sentait tout puissant. Son plus grand problème était qu'il ne savait comment aborder cette superbe princesse des caraïbes aux yeux clairs. Il se posa la question mille et mille fois mais sans trouver de solution. "

Les histoires de mon grand-père étaient certes passionnantes mais toujours aussi longues. Nous tous étions assis en cercle devant lui dans le gazon. Même si il y avait un moustique qui nous tournait autour ou tentait de nous boire le sang, on ne réagissait pas.

" Un jour, il se leva, son humeur avait changé, il était un peu découragé même s'il se sentait privilégié de regarder tous les jours cette déesse tombée du ciel. Pendant la nuit, il était tombé malade, il avait mal à la tête et des vertiges. Malgré tout, il a pris ses affaires comme a son habitude et s'en alla retrouver sa belle. Quand il arriva sur place, elle n'était pas là. Surpris et en rage contre le ciel, il se demanda pourquoi le sort s'acharnait contre lui aujourd'hui. En réalité, il était surtout inquiet. Depuis plusieurs mois, elle n'avait jamais manqué aucun rendez-vous. Il se sentait aujourd'hui perdu, il ne savait plus quoi faire. Il regarda de nombreuses fois le ciel, il en voulait à Dieu, désabusé. Il se mit à genoux pour prier."

Je voulais que mon grand-père aille plus vite. J'étais toujours émerveillé par ses histoires, j'avais des lueurs dans les yeux. Il savait faire durer le suspense et parlait lentement.

" Pendant qu'il avait les yeux fermés en priant le ciel, il a vu une ombre apparaitre dans son dos. Il a cru qu'un ange était tombé du ciel. Elle l'a touché au niveau des épaules, il était tellement surpris et content qu'il a failli s'évanouir. Il a commencé à crier comme un enfant. Il lui demanda ou elle était passée, il était mort d'inquiétude. Il avait eu trop peur qu'il lui soit arrivé quelque chose, il ne l'aurait pas supporté. Elle resta un long moment avec lui, sans prononcer un mot. Il a fini par reprendre la route, tout excité, en chantant des chants évangéliques. Il récita également des psaumes de David. En sortant de la forêt, il a croisé une vieille dame qui s'appelait Paula.
- Qu'est ce qui te rend si heureux?
- Je ne me suis jamais senti aussi vivant de ma vie.
- Vraiment, tu a gagné à la loterie?
- Non.
- Partage ton bonheur avec moi. Tu sais moi en ce moment je n'ai pas beaucoup de chance. Depuis quand tu t'es repenti toi? Moi, ce que je connais de toi c'est qu'il n'y a que deux choses dans ta vie, la chasse et la mer.
- Tu sais, j'ai toujours pensé que Dieu existe, aujourd'hui j'ai la preuve de son existence, c'est ce qu'il a répondu en regardant le ciel, un peu vexé.
- Comment ça?
Elle était plus curieurse que jamais."

Il y a un proverbe qui dit dans mon pays "les hommes moches ont toujours plus de chance que les hommes beaux car l'homme beau fait trop attention aux apparences, parfois il oublie l'essentiel."

- "Je viens de parler avec la plus belle femme du monde dans le chateau qui est au coeur de la forêt, expliqua Togo.
- Ca m'étonne qu'il y ait quelqu'un d'autre au chateau, à ma connaissance, il ne reste qu'un vieillard appelé Diablo et qui se fait appeler baron Samedi depuis la mort de sa fille. Les gens disaient d'elle que c'était la plus belle femme du pays. Pour elle, l'histoire se fit tragique, elle n'a pas eu une fin très glorieuse. Son père ne voulait aucun prétendant pour elle, personne ne pouvait l'approcher. Au final, il l'a fait devenir zombie. Tu sais, la légende dit que sa mère est morte un mois après elle, de chagrin. Tout ça, c'était il y a bien longtemps quand j'entendais ma mère parler de ça. En réalité elle n'était pas vraiment morte, elle avait bu une sorte de poison qui l'avait fait devenir zombie pour que persone d'autre à part son père ne puisse voir son visage. Parfois il l'a laissait marcher dans le jardin. C'était le plus grand Ougan du pays qui avait jeté ce sort.

Togo écouta Paula attentivement mais il se demandait si c'était vraiment la vérité ou s'il faisait un cauchemar. Son ciel qui était si bleu est soudain devenu très sombre et il se demanda ce qu'il devait faire pour sauver sa belle.

- tu sais, la légende dit que si il y a une personne qui peut la délivrer de la tutelle de son père, il faut que son amour envers elle soit pur.

Togo se dit "mon amour est pur, a part Dieu qui l'a mis au monde et sa mère qui l'a porté pendant 9 mois, personne ne pourrait l'aimer plus que moi".

- il faut que cet amour soit réciproque.
- Tu m'a envoyé sur cette Terre pour une seule chose, donne moi toute la force dont j'aurai besoin pour remplir ma mission et délivrer cette jeune fille

de sa souffrance. S'il te plait Jéhovah, ne me laisse pas et ne me rends pas la tâche difficile. Oh Dieu, tu connais mon coeur mieux que tout le monde.
Togo n'écoutait plus madame Paula, il ne s'arrêtait plus de prier. Paula prit pitié de lui.
- j'aimerai beaucoup continuer de parler avec toi mais je dois rentrer. Bonne chance, fais attention à toi. Même si cette belle Tina t'aime, son père ne te laissera pas l'emmener si facilement."

J'avais vraiment hâte que mon grand-père finisse l'histoire, je commençais à avoir vraiment sommeil, j'avais des picotements dans les yeux. Mon frère, ma soeur et mes cousins étaient endormis sur le gazon, en train de ronfler même, ma'an était assise comme a son habitude sur sa petite chaise, avec sa pipe à la main, à l'écouter. Ce soir-là, tout le monde était d'humeur joviale. Parfois, on avait l'impression que Nonck voulait garder la fin de l'histoire pour lui. Il était très attaché à son personnage Togo. On aurait dit que ce qu'il racontait était très réel.

"Togo avait une décision à prendre pour la suite de sa vie et pour sa belle. C'était comme une évidence. Après sa discussion avec madame Paula, il a fait demi-tour très décidé à délivrer mademoiselle Tina. Une fois arrivé là-haut, il avait le souffle coupé tellement il s'était dépêché. La barrière de bois était maintenant fermée. Sans rien demander à personne, il est entré dans la cour bien que la légende disait que personne ne pouvait rentrer dans cette cour sans être invité par monsieur Diago sous peine de devenir un zombie. Il se mit à chercher partout sa princesse, il est même entré dans le chateau mais il n'a trouvé personne. Diago était peut-être sorti chercher des provisions. Il commenca à fouiner partout. Dans le couloir, au fond, à gauche, il a ouvert une porte et il a vu trois garçons attachés, têtes baissées. Il s'est approché et à reconnu l'un d'entre eux, mort de puis longtemps. Il ne comprit pas ce que faisaient là ces trois colosses attachés à un fil de sac. S'ils le voulaient, ils auraient pu se détacher comme bon leur semblait. Togo les a déttaché, ils n'ont pas bougé de leur position. Il leur a parlé. Ils étaient comme cloués sur place, à genoux. Tous les corps étaient paralysés. Il les a finalement laissé et a continué à chercher. Il a vu de loin une petite maisonnette juste derrière le chateau et en s'approchant il a entendu du bruit à l'intérieur. Il est entré à l'intérieur voir ce qu'il se passait et il y a trouvé Tina assise devant une machine à coudre. Il l'a pris dans ses bras, soulagé et heureux. Il était plus que déterminé à quitter cet endroit. Il lui a dit de le suivre et a ajouté "je suis envoyé sur cette Terre pour te servir". Pour la première fois, elle l'a vraiment regardé et lui a serré la main très fort. Ils se sont alors mis en route. Au moment de franchir la barrière, Diabo est apparu. D'un coup, ils ont ressenti un vent fort sorti de nulle part, le temps est devenu sombre, il y a eu des éclairs et un orage, la terre s'est mise à trembler. Il y a eu un coup de tonnerre et subitement il s'est retrouvé devant son lit avec sa princesse tout près de lui. Il habitait dans une petite maison en paille. Il était tellement content qu'il remercia Dieu en chantant des psaumes et en récitant des prières. Quand il se réveilla le lendemain matin, il était devenu un héros dans le quartier. Les parents des trois jeunes garçons sont partis les récupérer. Diabo avait disparu dans un coup d'éclair. Togo, devenu légende vivante, se maria avec Tina et ils eurent beaucoup d'enfants."

J'étais très content que l'histoire de mon grand-père ait eu une fin heureuse. Maan s'est levée de sa chaise et nous sommes partis nous coucher. Nonck est resté encore un peu dehors. Moi, j'étais tellement fatigué que je me suis vite allongé avec une seule envie, dormir.

Dans mon sommeil, j'ai rêvé d'une femme grande d'environ 1 mètre 80, habillée en rouge et jaune. Elle avait une longue et belle chevelure. Elle était fine et jolie, son visage était un peu masqué par le brouillard de la nuit. Elle avait un grand sourire, de loin je voyais ses dents blanches apparaitre comme dans un miroir. J'étais un peu inhibé par cette femme, elle a captivé toute mon attention. Je la regardait bouger, elle m'a fait signe mais j'ai eu peur d'elle. Elle s'est assise tout près de moi, elle a touché mon visage sans dire un mot. Autour de moi, il y avait une foule qui était la à me regarder. C'était comme si je me trouvais dans un festin organisé par le vaudouisant Aulio. J'étais au milieu d'eux, en réalité c'était moi la nourriture, elle a voulu embrasser mon visage. Je me suis réveillé, les yeux écarquillés J'ai entendu Nonck qui parlait très fort. Les gens étaient venus prendre un café comme d'habitude chez ma grand-mère souriaient à la blague de mon grand-père. Je me suis dit que j'étais peut-être encore en train de rêver. J'ai essayé de me lever, je me suis tapé la tête dans le lit de ma grand-mère. J'ai eu très mal. Je pleurnichais. Marie est venue voir ce que j'avais. Une grosse bosse s'est formée derrière ma tête. Ma grand-mère m'a appelé, elle voulait voir, elle a pris de l'eau et du sel qu'elle m'a mis sur la tête pour que la bosse puisse dégonfler.

Ça m'a brûlé, elle m'a demandé ce qu'il s'était passé "tu a fait un cauchemar?" je lui ai raconté mon rêve en pleurant. Elle m'a dit "tu sais c'est la déesse Erzulie qui a voulu me faire savoir qu'elle avait faim. T'aurai pu la laisser t'embrasser, elle t'apprécie. Si elle t'a choisi, c'est que ça veut dire que quand tu sera grand tu pourrais devenir son mari". Surpris et étonné, je lui ai demandé "pourquoi moi?" Elle m'a répondu de ne pas m'inquiéter, comme ça tu es libéré des griffes du démon malveillant qui pourrait te faire du mal. Erzulie te protègera, c'est bien. Tu sais, à chaque fois que tu fais ce genre de rêves, il faut que tu viennes me le raconter le plus rapidement possible.

Je ne savais pas pourquoi elle me demandait ça mais j'ai dit oui, évidement. Je ne pensais plus à rien d'autre, je me suis appuyé contre sa robe pendant un long moment. J'ai fini par m'assoupir.

En me réveillant, je me suis retrouvé dans mon lit, j'avais la peau toute chaude, j'ai eu l'impression que j'allais avoir de la fièvre. Maan m'avait préparé une soupe avec du pain et des feuilles d'épinard, j'en ai mangé un peu mais je n'avais pas très faim. Elle se demandait ce que j'avais, elle a mis sa main sur mon front. Elle est ensuite sortie pour prendre de l'eau dans une petite cuvette et une éponge qu'elle a trempé dans l'eau pour me mettre sur le front. J'avais la peau brûlante et mon sang à l'intérieur qui était froid. Pourtant dehors, il faisait au moins 37°C. Je n'ai pas arrêté de dormir toute la journée, je me suis quand même rendu compte que ma grand-mère était assise tranquillement tout près de moi avec sa pipe à la bouche. D'habitude, quand je suis malade elle tourne autour de moi, elle s'occupe de moi. Cette fois-ci, la situation était un peu différente et incongrue, elle était d'humeur joviale alors que je souffrais. Elle pensais que rien ne pouvais m'arriver, pour l'instant Erzulie me protègeais. C'est pas le petit démon du quartier qui aurai pu me faire quelque chose. A leurs yeux maintenant, j'étais quasiment immortel. Je m'assoupis encore une fois, j'entends la voix de ma grand-mère disant que je suis immortel. En me réveillant, je me sens en pleine forme et plus puissant.

VII

Maan a un chien qui s'appelle samfèyo (qu'on pourrait traduire en français par "je l'ai fait, quoi"). Nous tous aimons Samfèyo, c'est un chien très intelligent. C'est mon ami, nous sommes toujours ensemble, il me suit quand je pars dans les mornes. Il est fait pour la chasse. Un cousin qui s'apelle Roto, plus grand que nous tous, a quatre ou cinq chiens de chasse. Il les amène à la chasse presque tous les jours pour capturer des chats sauvages, chez nous on les appelle des chats marrons. Pendant que Samfèyo et moi tournons dans les bois, j'ai vu Roto et ses chiens avec deux chats marrons descendre le petit morne de Julis. Samfèyo et moi avons continué notre chemin vers le morne de Camaye. Dans ce coin-là, il y a toujours des pintades marrons. J'ai vu Samfèyo commencer a fouiner partout, je l'ai encouragé sans trop croire qu'il réussirait à attraper quelque chose. Je suis resté assis un moment, j'avais de petits cailloux dans les mains, je les tapais très fort les uns contre les autres pour l'encourager. Pendant un moment de silence, je l'entends aboyer comme si il avait attrapé ou vu quelque chose. J'ai couru voir ce qu'il se passait, il avait réussi à attraper deux grosses pintades, il avait commencé à les dévorer. Je me demandais comment il avait fait pour en attraper deux. Je les lui ai pris dans la bouche, j'étais trop content. En arrivant à la maison avec les pintades à la main, personne n'a compris comment Samfèyo, seulement accompagné d'un petit garçon avait réussi à attraper ces deux pintades. Ma'an était très fière de moi. Ce soir-là, nous avons bien mangé.

Une petite lettre de Charlot à sa grand-mère

Ma grand-mère chérie,
quand j'étais petit j'avais ma vie, je me levais de mon lit quand j'avais envie.
Quand j'étais petit, même si j'avais fait pipi, je ne retirais pas les draps, tu passais toujours derrière moi.
Ma grand-mère chérie,
quand j'étais petit, tu ne m'en voulais jamais longtemps, même si j'avais fait une bêtise.
Ma grand-mère chérie,
quand j'étais petit, dans tes bras, j'avançais pas à pas,
je t'aime, je ne cesserai jamais de t'aimer.

VIII

Nous étions aujourd'hui dimanche après-midi. Dans mon quartier, on avait le droit de mettre nos plus beaux vêtements ce jour-là. Maan m'avait acheté la veille au marché d'Aquin un pantalon noir avec un polo rouge. Ce dimanche, j'avais mis mes chaussure blanches, je suis sorti loin de la maison. Pour la première fois, j'avais le droit d'aller dans le voisinnage.

Il y a une dame qui s'appelait Tifanm, elle avait une fille qui habite à la capitale qui était venue lui rendre visite. Tous les gens du quartier parlaient d'elle. Elle s'appelait Sonia. Ma grand-mère disait d'elle qu'elle était frivole. Je suis passé devant sa maison, il y avait tellement de monde que par curiosité, je suis passé voir ce qu'il s'y passait. Son petit frère Guito était tout seul, le visage fermé. J'avais l'impression qu'il voulait pleurer mais les larmes ne sortaient pas. En voyant sa tête grimacer, je suis resté à côté de lui, sans parler. Il avait la tête baissée. Je voulais entrer dans la maison alors je me suis penché vers la gauche. J'ai vu une dame allongée par terre sur une petite natte. Tifanm était aussi allongée par terre à côté d'elle. Elle avait un bol à la main avec des oranges amères pressées avec de l'huile. Mon oncle Ametonn, ougan de métier frictionnait Sonia avec la mixture que tenait Tifanm, il lui en mettait un peu partout. En rentrant voir ma grand-mère, je lui racontais ce qu'il se passait chez Tifanm. Elle a levé les yeux au ciel et s'est exclamé "que Dieu ai pitié de son âme". Dix à quinze minutes de silence plus tard, elle m'a dit "tu sais quand cette jeune femme avait vingt ans, c'était une fille imprévisible, elle avait un charme vénéneux qui plaisait beaucoup aux hommes. Puis est arrivé le scandale avec ton oncle. Il faut dire qu'à cette époque, les hommes courraient après cette jeune fille. Je ne sais pas ce qu'elle avait de si intéressant, elle était jolie mais la beauté ne fait pas tout dans la vie. Cette fille, elle croquait la vie sous toutes ses formes. Les hommes du village ont fini par ne plus lui suffir, elle est partie vivre à Port-au-Prince. Quand les gens la voyaient dans la capitale, ils parlaient d'elle en disant qu'elle n'était plus comme avant, elle avait changé. Les hommes ne l'intéressaient plus, maintenant elle fréquentait les femmes. Tout le monde pensait qu'un jour ou l'autre, elle finirait par attraper une des maladies arrivées de l'étranger. En tout cas, sa mère ne méritait pas ça. C'était une bonne femme qui a tout fait pour élever ses enfants dans de bonnes conditions. Son père était un coureur de jupons qui se foutait de la vie de ses enfants. Aux dernières nouvelles, il était parti vivre à Saint-Domingue. Il ne s'est jamais inquiété de sa femme ni ses enfants. Tifanm, c'est une femme courageuse, très discrète, polie, elle a toutes les qualités pour trouver un bon mari. Mais par malchance, elle est tombée sur un salaud.

Maan s'est refroidi brusquement, elle m'a touché l'épaule légèrement "va voir là-bas si les gens qui sont chez Tifanm ne sont pas partis, j'ai beaucoup de travail, mais bon je vais jeter un coup d'oeil la-bas quand j'ai fini. File et reviens me voir vite."
Guito était toujours à la même place, toujours aussi triste. Tout le monde était déjà parti. Il n'y avait que la petite soeur qui était près de Sonia. Je suis resté devant la porte, j'avais peur d'approcher d'elle. Pendant un court instant, j'ai vu le temps s'arrêter, quand j'ai vu la soeur de Guito avec ses jolis yeux noisette, j'avais envie de prendre sa peine pour la soulager. Elle avait la peau très fine, les che-

veux très soyeux. Je suis resté je ne sais combien de temps à regarder cette sirène des caraïbes. Je me suis posé plein de questions. Pourquoi je ne l'avais jamais vue? Ou était-elle cachée? Peut-être avec sa soeur à la capitale?

J'avais complètement oublié ce que ma grand-mère m'avait dit de faire. Je ne savais pas comment me comporter devant elle, j'avais peur de passer pour un bébé, elle était plus grande que moi. Dès que nos yeux se sont croisés, elle a tourné la tête. Tifanm a fini par me dire qu'il se faisait tard et que je devais rentrer chez moi. Maan devait me chercher partout. Tifanm m'a dit que je pouvais revenir le lendemain matin si je voulais.

La nuit était noire, elle a dit a Guito de m'accompagner sur le chemin. Il avait trois ou quatre ans de plus que moi. En arrivant je me suis rendu compte que tout le monde était déjà couché, même Nonck. Seules Maan et Aline étaient encore dehors. Comme a son habitude, Maan avait sa pipe à la bouche, Aline était assise par terre a côté d'elle. Je ne savais pas comment elle faisait, la galerie était toujours pleine de fourmis qui piquent très durement.

Maan m'a dit qu'elle s'était inquiétée. Si elle n'avait pas interrogé mon frère, j'aurai dormi dehors. "je me suis fais un sang d'encre pour toi, alors que toi tu arrive tout content. Tu a de la chance, je suis de bonne humeur ce soir. Va te laver les dents et dépêche-toi d'aller te coucher". Dans mon lit, je n'arrivais pas à trouver le sommeil. En plus, il commençait à pleuvoir très fort. Ma'an a fini par rentrer se coucher aussi. Je l'ai entendu prier à voix basse. Moi, je n'arrêtais pas de penser à cette belle jeune fille, que je n'avais jamais vu ni entendu avant aujourd'hui. Sans m'en rendre compte, j'ai fini par m'endormir.

Le lendemain, en me réveillant, j'étais tout excité. Je ne me suis même pas brossé les dents, je voulais aller chez Tifanm au plus vite. Maan était en train de préparer le ca-

fé. Elle avait changé de casserole, la nouvelle, achetée au marché, était plus neuve et plus grosse que l'ancienne. Je voulais courir chez Tifanm mais Maan m'a stoppé dans ma course.
- Est-ce que tu sais pourquoi j'ai fait une si grande quantité de café aujourd'hui? C'est parce que la grande fille de Tifanm est morte pendant la nuit. Attends, tu va emmener le café là-bas dès qu'il sera prêt.

J'étais étonné d'entendre sa mort.
Maan croyait en des choses un peu bizarres :
- Les esprits sont venus la chercher avec cette tempête hier soir, je savais que c'était pas normal.
- Qu'est ce qui n'est pas normal Maan?
- Tu peux pas comprendre pour l'instant. Si tu es très sage, je t'expliquerai tout ça un jour quand tu sera plus grand. Je plaint beaucoup Tifanm, pauvre malheureuse, je sais tout ce qu'elle a subi pour ses enfants.

En l'écoutant, j'avais l'impression qu'elle avait plus de compassion pour sa Tifanm que pour sa propre fille qui est morte.
- tu peux amener le café là-bas Charlot mais tu dois mettre des vêtements propres avant. J'ai entendu dire que Sonia ne peut pas rester très longtemps. Son corps a déjà commencé à se décomposer, ils vont surement l'enterrer très vite.

Je n'écoutais déjà plus Maan, je suis vite rentré dans la chambre me changer. J'ai mis une chemise blanche à manches longues que ma mère m'a envoyé de l'étranger et un beau pantalon bleu ainsi que des souliers noirs. Je me suis rapidement passé un peu d'eau sur le visage et je suis parti avec le thermos dans la main.

En arrivant, il y avait déjà plein de monde. J'ai vu Nonck avec une bouteile de rhum à la main, un peu saoul. Tout autour de lui, il y avait de nombreuses personnes que je n'avait jamais vu avant.

J'ai passé ma tête par la fenêtre, j'ai vu Tifanm qui pleurait. Elle était entourée de femmes âgées qui lui tenaient les mains, qui essuyaient son visage. Parmi ces femmes, il y avait Paulette qui lui a attaché un foulard autour de la taille pour l'aider à respirer. J'ai vu Aline qui nettoyait, elle a aussi donné du café à tous ceux qui en voulaient. Je lui ai amené le thermos de ma grand-mère. J'ai ensuite cherché un peu partout, je ne voyaient pas Guito ni sa soeur, Dalinda. Je me demandai où ils étaient passés. Pendant un moment, je suis resté assis sur un tronc d'arbre a regarder mon grand-père qui faisait des pirouettes. J'avais jamais vu Nonck ainsi. Il y avait une dame qui s'appelait Tida qui a demandé où étaient les enfants de Tifanm. Aline a répondu qu'ils étaient chez madame Claire. Ils y sont partis pendant la nuit, après la mort de leur soeur Sonia. Tida a dit qu'il fallait aller les chercher car leur mère les réclamait et Aline a chargé Marie d'aller les récupérer. Moi je ne connaissais pas cette dame et savais encore moins où elle habitait. J'ai suivi ma soeur, elle m'a vu mais n'a rien dit. Pourtant d'habitude, quand elle me voyait derrière elle, elle me lançait toujours des pierres pour que j'arrête de la suivre.

Quand nous sommes arrivés chez madame Claire, j'ai vu de loin Guito debout comme un fantôme qui réfléchissait et Dalinda qui était allongée, toute triste et pleurait. J'avais trop de peine pour elle. Ma soeur a donné la nouvelle a Claire qui est allée l'annoncer à Dalinda. Celle-ci n'arrivait même pas à marcher toute seule. Ma soeur et madame Claire ont chacune pris un bras pour la soutenir. Guito et moi sommes restés derrière. Nous discutions en les suivant. En arrivant, le corps de Sonia était déjà prêt à être enterré, entouré d'un drap blanc, ils allaient la mettre en terre. C'était très bizarre, je n'avais jamais vu ça avant. J'ai entendu mon grand-père parler et dire qu'elle ne pouvait pas rester encore longtemps parmi nous. Autour de moi, personne ne parlait, c'était le silence complet. Il faisait déjà très chaud, il devait être environ onze heures du matin. Dix à quinze minutes plus tôt, le ciel était tout bleu. D'un coup, le temps s'est assombri, le soleil a disparu comme par magie. Personne n'a compris ce qu'il arrivait. On était au beau milieu de la journée et pourtant il faisait quasiment nuit. Les gens qui étaient là ont commencé à partir. Guito, Dalinda et Tifanm se sont retrouvés tout seuls.

Marie et moi avons suivi Nonck pour nous aussi rentrer à la maison. Moi qui pensait qu'il était tellement saoul qu'il ne pouvait pas bouger.
En chemin, il nous a dit qu'il pensait que Sonia avait dû faire quelque chose de grave pour que les démons viennent la chercher aussi tôt dans la journée. Il pensait que c'était un manque de respect pour la famille qu'ils viennent écourter l'enterrement. Je ne comprenais pas vraiment ce que mon grand-père disait. J'avais tout simplement peur pour Guito et Dalinda. En arrivant à la maison, Nonck nous a déposé puis il est reparti. Marie a retranscrit à Maan ce qu'il nous a raconté en chemin. Maan a dit a Aline "est ce qu'il croit être le protecteur du village pour blâmer les démons à lui tout seul?". Pour elle, il fallait laisser faire les démons et ce qu'ils ont a faire sans s'immiscer dans leurs histoires. Pour la première fois, j'ai vu Maan inquiète pour Nonck.

Le lendemain matin, la première personne que j'ai entendu après le chant du coq, c'était mon grand-père. Maan n'était pas contente, "il ne peut pas se taire celui-là, il se croit seul au monde". Au final, tout était rentré dans l'ordre.

IX

Pendant la nuit il n'avait pas arrêté de pleuvoir, nous étions lundi matin, c'était la rentrée des classes. Comme d'habitude, tout le monde était content d'aller à l'école, sauf moi. Guito, sa soeur et moi étions devenus amis. A chaque fois que je quittai l'école, je passait les voir. Tifanm n'avait pas les moyens de les envoyer à l'école. Quand ils me demandaient ce que j'y faisais, je leur répondais qu'ils ne rataient pas grand-chose. J'aurai bien voulu être à leur place. A chaque fois que je parlais comme ça, Dalinda me regardait avec ses grands yeux clairs.

Deux ou trois mois se sont passés depuis la mort de leur soeur. Un jour que j'allais les voir après l'école, Guito et Dalinda m'ont annoncé une bonne nouvelle. Eux aussi allaient pouvoir venir à l'école. Dalinda était extrêmemnt contente mais Guito s'en fichait un peu. Ils allaient entrer dans une école qui donnait les cours l'après-midi car c'était moins cher. Je n'étais pas ravi de la nouvelle, je me demandai ce que j'allai faire désormais après l'école, avec qui je parlerai. Guito me rassura en me disant qu'on continuerait à se voir après les cours. J'ai finalement pris la fuite sans dire un mot. A ce moment précis, le soleil tapait terriblement fort, tellement fort que j'avais l'impression que mon crâne allait sortir de ma tête. Quelques minutes plus tard, Guito et Dalinda m'ont rejoint et nous sommes allés cueillir des manges. Après en avoir mangé plusieurs, nous avons voulu nous baigner dans la mer.

Avec le ventre plein, nous n'arrêtions pas de nous chamailler. On luttait, on nageait, on faisait la course et des concours d'apnée. Guito gagnait toujours a ce dernier petit jeu. Quand il était dans l'eau, on avait l'impression qu'il dormait, il pouvait rester comme ça pendant des heures. Nous sommes sortis de l'eau quand nous avons commencé à avoir faim. Ce qui nous rendait fou, c'était la chaleur et le soleil. En plus, je peux vous le dire aujourd'hui, le soleil et la faim ne font pas très bon ménage. Lorsque l'on reste dans l'eau longtemps, la chaleur et l'action de l'eau font qu'on a de nouveau faim très rapidement. Sur la route du retour, nous riions beaucoup, nous étions joyeux.

En arrivant à la maison, Maan nous demanda pourquoi nous riions autant. Chacun de nous rentra chez soi en pensant à ce que l'on allait manger. On avait pas toujours le choix. Parfois on dormait le ventre vide avec pour seul repas du jour les mangues que nous avions cueillis dans la journée. Ces soirs-là, c'était régime forcé.

Parfois, Maan se transformait. Dans ces moments-là, tout le monde l'appellait Erzulie. Parfois, elle rentrait même en transe. Elle était alors pleine d'énergie, elle sautait dans tous les sens. Surtout elle était très bavarde. Les gens l'appellaient maitresse de l'amour ou de la mort. Ce jour-là, elle m'a touché le visage plusieurs fois, elle m'a embrassé dans la nuque tendrement. Elle se mit à parler et m'a fait comprendre que Erzulie m'avait choisi dans mon sommeil. Elle me fixait dans les yeux, elle voulait que je dise a ma grand-mère de particulièrement bien veiller sur moi sinon Erzulie se fâcherait. Je ne comprenais pas vraiment, je savais pas si c'était ma grand-mère ou Erzulie qui parlait. Elle chantait pendant au moins la moitié de la nuit. Au jour d'aujourd'hui, je ne comprends toujours pas comment, avec ses problèmes de genoux qui la faisaient souffrir et l'empêchait de marcher, elle arrivait a être aussi vive et énergique. Maan, qui ne parlait jamais fort, qui ne chantait pas, empêchait dans ces moments-là tout le monde de dormir et pourtant je devais retourner à l'école tôt le lendemain matin, puisque nous étions alors un lundi

X

J'oublierai jamais ce lundi 3 mars, le monde que je connaissais n'existait plus, il n'était plus que violence.

Un jour je sortais de l'école avec mon cousin Caneil. Il était 13 heures, le ciel était devenu un volcan sans flammes. Parfois le soleil était tellement insupportable, on pensait qu'il allait nous tomber dessus. On s'est dépêché de rentrer à la maison. Mes cousins et moi voulions nous dégourdir les jambes sur la route. On avançait avec une petite balle de tennis qu'un touriste blanc nous avait donné sur la plage. Nous étions chacun d'un côté de la route, on envoyait la balle à gauche et à droite. Nous savions pourtant que ce n'était pas très malin de notre part de jouer sur la route. Si Maan nous voyait, elle ferait une crise et elle nous tuerait.

Je ne comprenais pas pourquoi j'allais à l'école. Pour être puni tous les jours, rester assis sans bouger pendant 2 ou 3 heures d'affilée pour rester sur des bancs durs comme fer. Pour moi c'était la plus difficile punition à supporter. Nous ne pouvions pas nous plaindre puisque nous étions tous logés à la même enseigne. J'avais un peu perdu de discernement, j'étais angoissé.

Je ne voulais vraiment plus retourner à l'école mais je ne savais pas comment annoncer la nouvelle à ma grand-mère. Je savais que si je lui disais que je ne voulais plus retourner à l'école, elle me donnerait une raclée jusqu'à ce que je sorte cette idée de ma tête. Je savais que c'était égoïste de ma part, certains enfants de mon âge dans mon village auraient aimé être à ma place mais leurs parents n'avaient pas les moyens. Chaque minute passant, j'avais l'impression d'écouter des professeurs sans aucune prestance qui se mettaient en valeur au lieu de nous apprendre à lire et à écrire. Mais bon, je l'avoue peut être que j'exagère un peu sur mes professeurs. J'avais déjà étudié avec trois ou quatre professeurs différents, pas un seul ne m'avais encore donné envie de continuer ou envie d'aimer l'école. J'allais à l'école parce que je n'avais pas d'autre choix, sinon Maan me tuerai.

J'avais changé, j'étais devenu quelqu'un d'autre, j'avais beaucoup maigri. Déjà normalement, j'avais une corpulence assez mince, à l'école les élèves m'appellaient Fatras-bâton, c'était le petit surnom de Toussaint Louverture quand il travaillait dans les champs au côté de son parrain Jean-Baptiste. A ceux qui n'ont jamais entendu parler de Toussaint Louverture, c'est l'un des premiers haïtiens à promouvoir la liberté des noirs, ce fut l'un des héros de l'Indépendance haïtienne dans les années 1800. Il se fit arrêter à cause ses idées avant l'indépendance et il finit sa vie au cachot en France. C'est de lui qu'est venue la spirale de la conquête haïtienne pour la liberté.

J'avais toujours l'impression en entrant dans l'établissement que c'était comme si je rentrais dans la pénombre. Les murs en béton m'ensserraient de force, j'avais besoin de me libérer de ce cantonnement. Je me suis toujours ennuyé dans toutes classes ou j'étais passé jusqu'ici. C'était du pareil au même, le règne implacable du silence et de l'immobilité.

Mon grand-père

Caneil et moi étions arrivés à Lafortune, un endroit très connu du village. D'habitude il y a toujours plein de monde mais toujours plus de garçons que de filles. Monsieur Emmanuel avait une boutique à proximité. Je connaissais son prénom car c'était l'homme le plus riche du village et c'était en plus le parrain de mon frère. A cet endroit, il y avait un gros bloc de béton ou l'on retrouvait toujours du monde à n'importe quelle heure. Je me demandais toujours ce qu'ils trouvaient d'intéressant à rester sur cette route toute la journée sans rien faire.

Nonck déteste cet endroit. A chaque fois qu'on passait par là, il nous mettait en garde, il ne voulait pas que l'on traine par ici. Pour lui, c'était du gachis. C'était son constat, même si il n'y a pas de travail pour tout le monde dans le village, ils auraient pu chercher une autre occupation au lieu de rester sur ce bloc à gratter-sentir tous les jours. Pour lui, ces jeunes gens ne donnaient pas l'exemple. Quand il passait devant eux, ils les incitait à régir même si il n'y avait rien à faire. Pour lui, ces jeunes gens sont comme des zombies. Ils sont maigres comme des clous et ne changent jamais de place. Nonck disait "quand j'étais jeune garçon, je me souviens, si je n'avais pas de travail, j'en cherchais partout là où il y en avait, partout dans le pays. Maintenant, ces jeunes hommes sans aucune éducation et sans aucun avenir, tu veux qu'ils deviennent quoi pour leur pays? Ils ne donnent pas envie qu'on les aide en plus. Ils passent leur temps à regarder les voitures et à parier sur leurs numéros d'immatriculation, c'est vraiment n'importe quoi. C'est pour ça que je regrette François

Duvalier, aujourd'hui s'il était toujours en place au pouvoir, les choses seraient différentes." Après de telles réflexions, il restait toujours pendant un certain temps calme et silencieux. Le bruit courrait dans le village que sous la dictature de Duvalier père, il faisait partie de la Brigade secrète. Jusqu'au jour d'aujourd'hui, je ne peux confirmer celà. Avec Nonck, nous étions très proches à cette époque, je pouvais lui parler de toutes sortes de choses. Un jour il 'a demandé ce que je voulais faire dans la vie, je lui ai répondu que je voudrai être chanteur. Il m'a dit "c'est pour ça que tu chante tout le temps quand tu es seul dans la chambre, tu sais je t'entends". Il a alors rigolé un peu de moi. De toute façon, Nonck n'aime que la musique vaudou. Il me regarde droit dans les yeux en me disant "tu sais, si tu veux être chanteur, il faut savoir écrire, il faut continuer pour ça à aller à l'école". C'est à ce moment précis que j'ai ressenti une petite motivation pour continuer l'école primaire.

La vieille dame

L'année s'avançait pas à pas. J'oublierai jamais ce lundi 3 mars 1994, je pensais que l'humanité avait surement d'autres choses à faire valoir que ce que j'ai vu ce jour-là. C'était comme si le monde que je connaissais avant n'existait plus, il n'y avait que de la violence. Nous étions sur la route avec Tito et deux autres amis, Jackson et Woudi. Nous marchions et discutions de toutes sortes de choses, de ce qu'on allait faire en rentrant à la maison. Nous avions tous très faim, nous avons tous prié Dieu en nous demandant si on trouverait quelque chose à manger en arrivant dans nos maisons respectives. Nous arrivions à Nanmare, à côté d'une banque de loterie, derrière se trouve un petit marché le mercredi après-midi et le samedi. De là, nous avons entendu du bruit et des cris de plus en plus fort. Il y avait un petit chemin de terre derrière la banque, on est partis voir ce qu'il se passait. Il y avait une foule de gens qui criaient et hurlaient. Ils encerclaient une vieille dame allongée au sol. Ils la lapidaient à coups de cailloux elle n'arrêtait pas de supplier. Ils l'ont traité de tous les noms mystiques possibles : démon, diablesse, Satan... Un jeune tout maigre, qui avait l'air possédé, était comme fou de rage.
Quand je pense à cet acte de barbarie, je me dit que ces hommes et ces femmes ne sont ni des pères ni mères, ils viennent tout droit des ténèbres. Je pense que même des animaux doivent mieux se comporter.
Le jeune homme maigre était le plus acharné, pas commode du tout. J'étais stupéfait. Il se déchainait sur elle littéralement, une machette à la main. J'ai vu des morceaux de la dame sortir de son corps. J'ai regardé partout autour

de moi, je n'ai vu que de la perdition. Je pense que ces gens n'étaient plus conscients de ce qu'il étaient en train de faire. J'avais l'impression que le sol se dérobait sous mes pieds. Il étaient là pour la réduire en poussière, c'était dramatique cette situation J'ai détourné les yeux pour draguer la moindre petite douceur dans le ciel susceptible de mettre un peu de lumière dans leurs esprits obscurcis par la rage. Si je pouvais, si j'avais la force, j'aurai aimé mettre un terme à sa souffrance. Je pense qu'il était préférable pour elle qu'elle meure le plus rapidement possible au lieu de supporter ces fous.

A l'idée de me rappeler ce drame en écrivant cette histoire, tout mon corps frémit. Depuis ce jour, j'ai vraiment des doutes quant à la présence d'un Dieu dans ce pays.

Le soleil qui tapait si fort a disparu d'un coup. Il se jetait sur les ombres qui nous entouraient, comme un prédateur sur sa proie. J'étais toujours mortifié quand on me parlait des démons ou diables qui pouvaient prendre l'apparence des êtres humains. Ce jour-là, j'ai vu le diable en personne. La foule était contente de découper une vieille dame en marceaux. Ils applaudissaient, ils continuaient à jeter des pierres en l'air. Il y avait des morceaux de chair qui volaient partout. Je me demandai comment les hommes peuvent avoir le droit de priver quelqu'un de vivre. Aucun d'entre nous non plus n'avait d'explication. Je me demande comment on a fait pour se retrouver ensuite à la maison, je ne m'en souviens plus.

Le lendemain, j'étais encore plus incertain de ma place à l'école. J'avais peur de la vie dehors. Je suis resté couché, je ne voulais ni ne pouvai me lever pour aller à l'école. Maan m'a laissé faire. Ce jour-là, j'ai bénéficié d'un régime spécial car je suis resté toute la journée au lit. Je ne distinguai même pas le jour et la nuit. Dans mes oreilles, j'en-

tendais toujours les hurlements de la vieille dame dès que je fermais les yeux. Je la revoyais gémissant, j'entendais les coups de pierre comme des coups de tonnerre rouler dans mon crâne. C'était un cauchemar interminable. Maan est venue me voir dans la chambre dans le courant de l'après-midi avec des informations à me donner sur cette histoire. Elle m'a d'abord demandé si ça allait mieux, elle s'est assise devant moi. Sa pipe, fait extrêmement rare, n'était pas allumée. Elle est restée longtemps dans la chambre avec moi, sans dire un mot. Elle a tendance a tourner autour du pot quand elle a quelque chose à dire. Elle a finit par me dire : "je présume que tu a vu ce qu'il s'est passé hier après- midi? Tu sais, les gens qui ont lapidé cette dame ont dit qu'elle a tué le seul enfant de Fanfan. Voila pourquoi la foule est devenue folle. Et pourtant Fanfan, c'est un monsieur très calme je ne l'ai jamais vu s'énerver contre quelqu'un auparavant. Cette dame est une vrai diablesse, le garçon de Fanfan n'est pas sa première victime dans le quartier."
Je ne comprenais pas pourquoi elle me disait tout ça, j'imagine que c'était pour me rassurer.
- la foule avait forme humaine mais ils se sont tous transformés en démons, je lui dit.
- tu te sens mieux alors? me demanda-t-elle.
Elle m'a chatouillé puis m'a dit de me lever pour venir manger un peu. Je me suis levé mollement rempli de tristesse.
Depuis ce jour, à chaque fois que je passe près de cet endroit, j'ai toujours la chair de poule, même si je n'ai pas trouvé l'argument de Maan assez plausible pour qu'une aussi vieille dame mérite la peine de mort immédiate sans preuve aucune. A table, j'ai demandé à Maan si cette dame avait des enfants.
- Elle avait en fait deux grands garçons partis vivre à Saint-Domingue pour trouver du travail. Son mari

lui était mort depuis longtemps, c'était arrivé subitement un jour ou il était au travail. Les gens du village disaient que c'est parce qu'il n'avait pas a manger. A part ça, tout le monde s'accordait pour dire que c'était une très gentille dame, et pas la diablesse que l'on a décrit dans cette histoire. Que Dieu garde son âme auprès de Lui. En plus, elle allait à l'Eglise baptiste juste en bas de mon ancienne maison tous les dimanches.

Il me restait une question cependant qui me trottait dans la tête : "comment ses fils allaient réagir devant une telle nouvelle?

J'ai continué à cogiter sur cette histoire mais Maan m'a incité à passer à autre chose. Quand même, j'étais surpris de sa réaction. Je ne pouvais faire autrement, plusieurs mois après je faisais toujours des cauchemars. Cela se reproduisait à chaque fois que je ferme les yeux. J'étais en fuite devant mes ravisseurs, ils étaient débridés. Ils s'amusaient en me regardant, ils riaient en toute impunité. Avec leurs voix tonitruantes, ils gémissent de vaillance et d'invincibilité. J'ai compris que ces être qui me suivent dans mes cauchemars ne sont pas des être humains comme les autres. Ils sont dépourvus de toute conscience mais ils le revendiquent comme un droit. Je me réveille au milieu de la nuit, transpirant. Je ne voulais voir personne, je ne me sentais en sécurité qu'avec ma grand-mère. Je voulais que mon calvaire se termine, que ma mémoire s'efface. Parfois je pense qu'il aurait mieux valu que je sois aveugle ou sourd.

Pendant au moins six mois, j'ai cherché désespérément le visage d'un homme ou d'une femme afin de me situer dans ce pays ou la violence fait loi. J'ai cherché une personne anonyme qui pourrait m'orienter dans le brouillard épais dans lequel je me trouvai. J'ai appelé au secours le Baron Samedi, la déesse de l'amour Erzulie, personne n'avait ressenti ce que j'avais ressenti. J'étais seul dans la pénombre. La ou je suis né, ma révolte se trouvait disqualifiée d'office. Pour la foule qui l'avait tué, cette femme n'était qu'un vulgaire caillou, insignifiante. Elle ne méritait que ce qu'elle avait subi et pourtant moi je n'étais pas d'accord. J'étais toujours déboussolé par cette horreur. Maintenant je suis tout près de la guérison. Heureusement, avec le temps tout s'atténue. Par miracle, je commence à retrouver ma vie d'avant.

XI

Maan me disait que depuis quelques temps, elle avait remarqué que je sortais plus de la maison. "tu sais Charlot, Guito et sa soeur sont passés te voir, ils sont venu jouer avec toi mais tu dormais. Tu es comme une femme enceinte, tu dors tous les jours tout le temps et pourtant tu es même pas malade. Va les voir, ça te changera les idées. Quand tu arrive la-bas, s'ils vont dans les bois pour chercher des mangues, ramènes-en pour moi aussi, ce soir je veux pas faire à manger." Parfois comme ça, ma grand-mère se lâche, elle baisse la garde. Aline s'est mise à rigoler, avec de gros éclats de rire. Je ne savais pas pourquoi elles étaient aussi joviales. Aline m'a dit "vas-y, va retrouver ta copine Dalinda, sois pas timide. On le sait que tu l'aime bien, Dalinda. Depuis la mort de Sonia, tu est tout le temps là-bas". Elle n'ont pas arrêté de rire jusqu'à ce que je parte. Je me suis sauvé en courant, je ne voulais pas entendre la suite.

Guito et moi, nous étions devenu de très bons amis. J'avais oublié qu'au départ, j'allais là-bas pour voir Dalinda. Même si pour mes cousins, Guito était un peu instable, il n'avait peur de rien. Quand mes cousins le contrariaient, quand bien même ils étaient plus grands que lui, Guito ne se laissant jamais marcher sur les pieds. Jusqu'à cette terrible histoire, on trainait beaucoup ensemble. Quand j'étais avec lui, je l'observais. Avec lui, je me sentais serein même si il me troublait à certains moments. Guito, c'était un garçon nonchalent et imprévisible parfois. Il émet de temps à autre un rire bref et sec et puis rien du tout. En fait, j'étais le seul ami qu'il avait. D'après lui, je ne devais pas avoir peur de mes cousins. Si je l'écoutais, dans pas longtemps je pourrai me battre avec eux. En réalité, avec Guito j'étais comme en apprentissage. J'étais content d'être avec lui mais aussi un peu méfiant. Ensemble, je ne pouvais pas prévoir ce qu'il pourrait se passer.

Un jour ou nous étions à la plage, je me disais que les haïtiens étaient initiés à la violence. Nous étions en vacances, le ciel était très ensoleillé, je commençais vraiment à prendre goût à la vie. Dalinda, Guito et moi nous amusions bien. Nous étions tranquille dans le meilleur des mondes. La vie était belle pour moi. Moi seul pouvait approcher Dalinda sinon Guito pétait un plomb. Tous mes cousins étaient un peu jaloux de mon amitié avec Guito, ils pensaient que j'en profitai pour m'approcher de Dalinda. Elle était pétillante de vie et n'avait pas froid aux yeux. Cette courte période était la meilleure époque de mon enfance. Nous étions insouciants. Sans savoir si nous étions riches ou pauvres, nous ne pensions pas au lendemain, nous vivions au jour le jour (comme des haïtiens quoi!).

Un terrible accident allait tout changer pour moi. Nous étions dans la mer presque nus. Dalinda avait ses petits seins bien fermes posés sur mon dos. Je flottait sur l'eau avec un tronc de bananier. On se donnait des défis. Puisque Guito était plus grand que nous, il connaissait plus de choses. Les camarades à côté de nous l'embêtait parce qu'il était tout nu, il avait une grosse barre à mine. Il a décidé de sortir de l'eau, il était très fâché. Dalinda et moi l'avons suivi évidemment. J'étais un peu surpris car d'habitude Guito n'écoute personne. Je ne pourrai pas dire ce qu'il s'est passé dans sa tête ce jour-là. Il n'a pas répondu à leurs attaques. Il s'est mis à pleurer, c'était vraiment bizarre, il avait la tête baissée, on aurait dit qu'il préparait quelque chose. Dalinda et moi sommes restés à côté de lui. Nous n'avons pas osé lui parler jusqu'au moment ou les autres sont sortis de la mer. Il était vraiment furieux et il a plongé sur l'un d'entre eux en lui donnant des coups de poing. C'est comme si il était possédé. Aucun des autres n'a réussi à l'arrêter. Il en a jeté quatre ou cinq par terre. Ils étaient tous plus grands que lui mais aucun n'a résisté à sa force. Il était comme Samson, dont on parle dans la Bible, c'est comme si chaque cheveu sur sa tête était devenu mille hommes. Guito n'avait pourtant que quatorze ans et était tout maigre. Je ne sais pas ce qui m'a pris, je suis finalement entré dans la bataille. Pourtant Guito s'en sortait très bien tout seul. Je m'étais lancé sans faire trop attention à ce qu'il se passait derrière moi. J'ai senti quelque chose me taper derrière la tête. Je me souviens de m'être touché la tête pour vérifier qu'elle n'était pas séparée en deux. J'ai oublié pendant un instant si j'étais encore sur terre ou au Ciel. Je voyageai, le soleil était rouge, les nuages étaient proches du ciel, la terre me paraissait toute petite comme une étoile de mer. Je pensais à toutes sortes de choses, que je ne reconnaitrais pas ma mère biologique le jour ou je la verrai. Est-elle grande ou petite? Je l'imagine souriante en tout cas. J'étais bloqué dans l'espace du temps, je ne pouvais plus voir l'avenir. J'ai ruminé le passé en pensant à ma grand-mère qui m'a donné tout son amour et m'a élevé depuis l'âge de onze mois. C'était comme un rêve à yeux ouverts, j'entendais les gens parler autour de moi. Je n'arrivais pas leur répondre. J'ai vu un cimetière de loin, il y avait beaucoup de grisaille, les gens étaient habillés d'une obscure mélancolie. Ma grand-mère ne voulait que personne ne pleure durant la cérémonie. Tout le monde me fixait dans mon cercueil sans qu'aucune larme ne coule. J'ai vu ma grand-mère bouleversée. Il y avait une grande dame à plusieurs visages qui la rassurait. On aurait dit

Erzulie, la maitresse de l'amour et de la mort. Celle-là même qui m'avait pris pour époux dans mon sommeil. Elle disait à Maan de ne pas s'inquiéter "tout autant que je suis ici, il ne lui arrivera rien". En réalité, Erzulie parlait avec maladresse. Ma'an lui demanda pourquoi elle ne m'avait pas protégé avant. Erzulie se leva un peu vexée et demanda à Maan de la suivre un peu plus loin comme si elle ne souhaitait pas que j'entende la suite. Elle s'éloigna, de temps en temps elle m'envoyait des signes de soutien derrière son gros chapeau en paille qui lui faisait de l'ombre. Elle m'adressa ensuite un petit sourire triste auquel je n'ai pas répondu. Puis elle replongea le nez dans le verre de thé qu'elle avait dans la main. Je l'entendais murmurer à l'oreille de Maan, elle lui disait "peut être que j'étais pas assez claire mais je t'ai prévenue. Je sais que vous les humains croyez que tout est simple. Je ne regrette pas de l'avoir choisi. Si j'étais pas là, il ne serait plus là à tes côtés."

Malgré sa pudeur excessive, bien qu'elle répugnait tous les humains qui manifestent ce genre de sentiments, elle était un peu gênée et elle finit par tomber en sanglots. Elle était prostrée sous son chapeau, d'un coup elle se leva, posa son verre et se dirigea vers moi. Elle m'a embrassé le front comme un fils avec une tendresse de lumière. Elle a voulu disparaitre dans les nuages. Je lui ai suggéré de la suivre, elle a posé ses yeux perçants sur moi. Elle contemplait la mer en cherchant à mettre de l'ordre dans ses pensées. J'avais froid, j'entendai les gens se disperser de la cérémonie. Ma grand-mère m'a murmuré des mots à l'oreille, ils étaient de plus en plus doux, je ne pouvais plus résister à sa tristesse. Je luttais avec moi-même pour ouvrir les yeux pour lui exprimer que tout va bien. J'entends ensuite une voix forte et puissante qui dit " je l'ai vu ouvrir l'oeil". Je l'ai vu lutter pour retenir ses larmes. En reprenant son souffle, elle a dit a quelqu'un "Merci" d'une voix écorchée.

Je me suis endormi, je ne me souviens plus de rien. J'entends finalement le bruit de la pluie sur la tôle du toit de la maison. Je me lève de mon lit, je regarde par la fenêtre, le ciel est très sombre aujourd'hui. Il y a beaucoup de vent et les feuilles d'arbres volent dans tous les sens. De gros nuages apparaissent derrière le morne de Courage puis disparaissent comme des fantômes. Je me lève puis sort doucement de la chambre, je suis encore faible. En arrivant sur la galerie, je trouve Aline devant dans le brouillard qui ramasse des vêtements. Je reste là, un peu égaré pendant que ma'an est dans la cuisine et me prépare une soupe au pain et au beurre. De loin, je sens cette odeur qui me monte aux narines. Aline appelle Maan pour lui dire que je suis réveillé. Mes cousins, Ken et Marie sont tous absents. Il n'y a pas une mouche dans le coin a part Maan et Aline. Maan arrive avec une petite casserole à soupe et invite Aline à partager ce repas avec nous. Nous sommes donc tous les trois sur une petite table blanche que mon grand-père a fait faire par un charpentier du quartier, monsieur Maurice. Avec sa pipe à la main, elle me jette un regard étonné, je sens qu'elle a une question à me poser. "tu sais que Guito et Dalinda sont venus te voir pendant que tu dormais dans la chambre, je n'ai pas voulu qu'ils rentrent. Je ne veux plus que tu traine avec eux". Elle poursuit :"quand tu finira ton assiette, je veux que tu te repose, le docteur Paco pense que tu sera rétabli dans quelques jours". Je sourit, c'est vrai que je me sens faible mais je suis déjà resté deux jours au lit. Je ne comprend pas pour autant pourquoi elle refuse que je revoie mes amis. Ayant fini mon repas, je suis reparti me coucher. J'ai tellement dormi que je ne me suis réveillé que le lendemain matin. Cette fois, je me sens enfin bien mais pour Maan, je suis encore convalescent. J'avais envie de courir et surtout voir Guito et Dalinda pour discuter de la bagarre et pour savoir qui m'a tapé sur la tête. Maan ne veux même pas que je quitte la galerie pour jouer dans la cour.

Maan se faisait tresser les cheveux par Aline. Nonck prépare son équipement de plongée. J'ai entendu brusquement du bruit sortir du carrefour de Bizo. J'ai bien envie d'aller voir ce qu'il se passe par là-bas, je suis curieux, j'ai des fourmis dans les pieds à force de rester là. Ma'an sourit en se moquant un peu de moi, elle veut que j'aille lui chercher un verre d'eau dans la cuisine. Au moment où je reviens, elle croit voir un mort-vivant. Paulo apporte une nouvelle à Maan. Elle l'écoute sans rien dire. Je reste debout à leurs côtés. Ele me charge de donner l'eau à Paulo, je n'ai pas suivi la nouvelle. Mon grand-père lui dit être surpris "Ca fait douze ou quinze ans qu'elle était pas revenue". Il éclate de rire tout seul, personne ne le suit. Une dame à la peau banche apparait alors derrière son dos avec une jeune fille et un petit garçon. Je touche l'épaule de ma'n pour qu'elle regarde dans leur direction. Maan avait la tête baissée mais en voyant cette dame, elle se mit à pleurer à chaudes larmes. Elles ont fini par tomber dans les bras l'une de l'autre. J'ai un peu peur, c'est la toute prmière fois que je vois une dame blanche d'aussi près. Parfois, en allant à la plage, je vois des touristes mais je ne les ai jamais approché par crainte. Elle a de petites taches noires sur le visage et tous ses poils sont blonds, même ses sourcils. Elle se met à parler en créole, je trouve ça encore plus bizarre. Lorsque ce genre de personne parle à la plage, je ne comprend pas ce qu'ils disent. Je me précipite dans la galerie voir Nonck et lui demander des explications. Il m'incite à venir en mer avec lui, j'ai pas trop envie mais je suis très curieux de savoir qu'elles histoires il va me raconter sur cette dame blanche qui débarque de nulle part et embrsse ma grand-mère comme si elles se connaissaient depuis l'enfance. C'est la première fois que je vois

Maan aussi émue en voyant quelqu'un. Cette fois-ci, elle ne retiens pas ses émotions alors que d'habitude elle se lâche auprès d'Erzulie ou de Dieu uniquement seule dans son lit. Je ne la vois jamais pleurer. En chemin avec Nonck, il m'explique que cette dame est ma grand-tante, elle s'appelle Rita, c'est la petite soeur de Maan du côté de leur mère. Elle est partie vivre à la capitale alors que je n'étais pas né. Je lui demande si c'est vraiment sa vraie soeur. Il m'a répondu que oui, bien sur puisqu'elles ont la même mère, simplement elles n'ont pas le même père. La mère de Maan, Zina était mulatresse. Après sa rupture avec le père de Maan, elle s'est mariée avec un autre mulatre appelé Jo, ils ont eu deux filles, Rita et Julia. Toutes les deux sont très blanches. Elle habitaient avant dans la ville de leur père avant d'aller vivre à la capitale. Julia a eu troix enfant qui vivent avec leur père à Leo-Gâne. Elle est morte en mettant son quatrième enfant au monde mais l'enfant lui n'est pas mort. Les médecins l'ont pris avec eux pour le soigner aux Etats-Unis. Il n'est jamais revenu au pays. Voila toute l'histoire de la famille du côté de ta grand-mère.

Dans mon esprit, je n'ai qu'une seule question : comment une même mère peut-elle mettre au monde deux enfants si différents? C'était comme la nuit et le jour. Maan est très noire comme du charbon et sa soeur très blanche comme une banane figue. Nonck m'a sorti de nulle part : "la raison d'aimer ne reflète pas dans un miroir". Moi qui pensait que Maan n'avait pas de famille a part ses enfants qui sont tous à l'étranger. J'ai demandé à Nonck pourquoi Rita n'était jamais revenue dans son village natal. "Un jour, elle est partie et, sans que personne ne comprenne pourquoi, plus personne n'a eu de nouvelles d'elle. Pourtant Rita et Maan étaient très intimes et ne se sont jamais fâché. En tout cas, jamais en ma présence. Quand j'ai ren-

contré Maan, elles étaient toujours ensemble, très complices." Après ces mots, il est parti plonger.
En rentrant, j'ai retrouvé Maan assise sur la galerie avec sa pipe, une foule de gens qui rigolaient beaucoup l'entourait. Rita était au milieu et racontait des histoires. J'ai vu dans les yeux de ma grand-mère que rien ne pourrait lui faire plus plaisir en cet instant. Le lendemain matin, Rita s'est réveillée avant tout le monde, même avant mon grand-père, lui qui se réveille toujours avant le chant du coq. Je l'ai entendu parler toute seule dehors, Maan s'est aussi réveillée pour aller voir ce qui lui arrivait. Je l'ai suivie en me cachant derrière la porte. Je les ai entendu chuchoter sans vraiment comprendre ce qu'elles disaient. Elles se sont mises à sangloter silencieusement toutes les deux. Je suis retourné me coucher, mon frère avait pris toute la place dans le lit. Je suis resté debout jusqu'à ce qu'il fasse jour. Maan et Rita ne sont pas revenues se coucher.

XII

La femme nue

C'était un jeudi. Maan m'a permis de descendre à la rivière avec mon cousin Tito. Il devait être environ 14 heures et il faisait très chaud. Après la pluie, dans ce pays, le soleil revient encore plus insupportable. La rivière est séparée en trois parties, une partie pour laver les vêtements, une autre plus bas pour les animaux, la troisième, tout en haut nous permettait de prendre notre bain de la journée. Pendant que nous étions dans l'eau, nous avons vu Diana se déshabiller derrière un pied de cocotier. Elle avait des petits seins très fermes et des fesses rebondies, tellement rondes qu'on dirait des petites boules. C'était une amie très proche de ma grande soeur Marie. Parfois elle passe à la maison discuter avec elle. On a eu le temps de bien la regarder avant qu'elle nous voit. Elle était très poilue du pubis. Tito et moi étions cachés derrière un rocher. Elle allait rentrer dans l'eau lorsqu'elle nous a vu. Elle a été très surprise, elle a couru prendre ses vêtements et se cacher. Nous étions morts de rire.

La folle

Ken et Marie avaient changé d'école, ils étaient passés au collège. J'avais une leçon d'histoire qui parlait de Toussaint Louverture, l'un des héros de l'Indépendance du pays qui fut l'un des premiers noirs général de l'armé française. Je n'aimais toujours pas aller à l'école mais j'adorais réciter les leçons d'histoire. J'étais à l'intérieur de la classe lorsque la cloche à retentit. C'était la récréation, il était 10h30. Une dame folle s'appellant Thérèse est rentrée dans l'établissement et s'est mise à tout saccager sur son passage, à insulter le monde entier. Elle est même rentrée chez le directeur et elle l'a frappé au visage. Personne ne voulait l'approcher, elle était très féroce. On aurait dit une diablesse des ténèbres dont ma grand-mère me parlait parfois. Elle était déchaînée et jetai des pierres dans tous les sens. J'ai eu très peur et je me suis précipité comme tous les élèves vers la porte de l'arrière de l'école pour rentrer chez moi.

La jument sauvage

Tito et moi étions chez mon oncle Ameton. Nous avions très faim et avons décidé d'aller cueillir des mangues. A cette période de l'année, il n'y avait de belles mangues fermes et juteuses que dans la ferme de monsieur Aulio. En arrivant près de la ferme, le fils de monsieur Aulio, Rony, un peu idiot et ses trois cousins étaient près de la jument sauvage de monsieur Samson. Ils discutaient d'un pari que Rony avait lancé. Tito demanda à Rony de quoi il s'agissait. Il lui a répondu que celui qui arriverait à toucher les mamelles de la jument sauvage pendant dix secondes aurait le droit de rentrer et sortir de la ferme et manger toutes les mangues qu'il voudrait. Tito m'a fait un signe, nous savions tous les deux que jamais Rony nous laisserait rentrer comme ça pour ramasser des mangues. Ses cousins n'avaient pas l'intention de tenter ce pari. Tito et moi, qui sortions de l'école et n'avions rien mangé avons décidé de nous lancer. Tito a donc voulu accepter le pari a condition que moi aussi je puisse ramasser des mangues quand j'en avais envie. Rony a accepté. Sans hésiter, Tito a pris son courage à deux mains, il les a posé sur les mamelles de la jument sauvage. La jument n'a même pas bougé. Tito est resté comme ça pendant au moins cinq bonnes minutes. On l'entendait murmurer dans l'oreille de la jument. Purtant personne ne pouvait d'habitude l'approcher à part Samson. C'est comme si Tito l'avait hypnotisée. Deux ou trois mois plus tard, l'un des cousins de Rony a voulu battre l'exploit de Tito. Il s'est pris un coup de sabot dans la tête, la jument lui a disloqué la machoire. Il a perdu connaissance et a fini avec plusieurs dents arrachées.

Mon premier baiser

    Maan et Rita étaient sur la galerie, Rita racontait son périple à la capitale. Ma cousine Daline, la fille de Rita et moi jouions à cache-cache. Nous sommes partis nous cacher derrière un bananier qui était tombé lors de la tempête de la semaine dernière. Nous étions allongés par terre, les feuilles du bananier étaient humides. Il était approximativement 21h, ce samedi. Nonck disait que c'était la pleine lune et qu'il allait pleuvoir. Le ciel était pourtant clair et rempli d'étoiles. Les copains n'arrivaient pas à nous trouver. Daline a collé sa poitrine sur moi, sa machoire était tout contre mon visage. Elle était un peu plus grande que moi mais je sentait sa respiration. J'étais un peu mal à l'aise. Elle savait ce qu'elle faisait, elle avait trois ans de plus que moi. Ses pommettes étaient assez hautes. Elle m'a fait les yeux doux pendant toute la journée, son sourire était encore plus doux. J'ai senti sa main posée sur mon ventre. Sans que je dise quoi que ce soit, sa bouche était déjà sur la mienne. Elle avait pris les choses en main, elle avait plus d'expérience que moi en la matière. J'ai pas trop aimé, j'ai trouvé ça trop humide. Nous n'avons jamais recommencé.

L'accident

J'étais dans la cuisine avec Maan. Elle était revenue du marché avec toutes sortes d'épices, de la muscade sèche, du persil, du thym. Avant de préparer à manger, elle a voulu demander à Aline de lui coiffer les cheveux. Maan n'avait pas beaucoup de cheveux mais elle en prenait soin, elle est toujours belle. Pendant que nous étions sur la galerie, Aline s'est mise à démêler les cheveux crépus de Maan. J'ai préparé du jus d'orange avec du pain et du beurre de cacahouètes. Ken et Marie n'étaient pas encore rentré de l'école et Maan commençait à s'inquiéter. Ken a fini par apparaitre, sans Marie. Aline a dit à Maan pour la rassurer qu'elle devait être punie pour une leçon quelconque. J'étais dans le salon et j'ai entendu tout le monde éclater de rire. J'ai pas vraiment suivi, je voulai que quelqu'un répète et m'explique pourquoi ils rigolaient tant mais personne n'a voulu. Je suis resté dans le salon à tourner en rond, Maan était toujours inquiète. Elle demanda à Ken d'aller regarder quelle heure il était au réveil. Elle n'avait aucune confiance sur la route. Elle dit toujours que cette route nationale a tué plus de gens que la guerre d'indépendance. Marie montait dans une petite camionette tous les jours pour aller à l'école. Pendant que Maan faisait cette réflexion, Paco est venu apporter la mauvaise nouvelle. Marie a eu un accident au niveau du carrefour de Morisseau. Paco n'avait pas trop d'explication, il a juste dit que le chauffeur est sorti de la route parce que la voiture était trop chargée. Il n'a pas su redresser la camionette dans le virage de Morisseau. Bonne nouvelle, il n'y a pas eu de mort. Marie est quand même très blessée, une ambulance l'a emmenée aux Cayes. Maan s'est lentement levé de sa chaise sans dire un mot et Aline s'est mise à pleurer. J'étais effrayé, je ne savais plus quoi faire. Paco a mis en garde Maan et lui a dit que dans ce genre d'hôpital, il n'y a pas de traitement administré sans argent. Il faut donc se dépêcher d'aller à l'hôpital. Il a proposé de l'accompagner et elle accepté. De retour à la maison, Marie était fracturée, elle avait les reins bloqués et trois côtes cassées. Elle ne pouvait plus rien faire seule et avait des pansements partout sur le corps. Malgré tout cela, ils ne l'ont pas gardé à l'hôpital. C'est Maan qui s'est occupé d'elle pendant toute sa convalescence.

L'hymne national

    Du lundi au vendredi, c'était le même cirque. Tous les élèves doivent rester en ligne en plein soleil. Si par hasard, l'un de nous arrive en retard, c'est sûr qu'il sera puni sévèrement par le censeur. J'ai un grand respect pour le drapeau national et l'histoire haïtienne mais en vérité, je détestais monter le drapeau. Je n'aime pas trop les paroles qui commencent par "*pour le pays, pour les ancêtres, marchons unis, dans nos rangs, point de traitres*". Nonck pense que depuis 1986 et ma naissance, après la dictature Duvalier, père et fils, les dirigeants sont des traitres pour le pays, ils ont vendu Haïti pour la monnaie américaine. Tous les présidents qui accèdent au pouvoir avec de bonnes intentions finissent à ne penser qu'à eux-mêmes. Ils veulent régner seuls comme un roi sur son trône. Nonck aussi déteste l'hymne national, pour lui c'est une illusion du gouvernement et il affirme que nous ne sommes point unis. Les Haïtiens, quand ils sont au pouvoir, ils ne sont pas là pour le drapeau ni pour la patrie, ils sont là que pour leur gueule et ne travaillent que pour remplir leur compte en banque. C'est le constat amer de mon grand-père.

Mon beau-père

J'étais dans les paturages avec mon grand-père. Il me racontait une histoire. Mon frère est venu nous chercher car un monsieur appelé Roger était à la maison et demandait à voir Nonck. Ce Roger disait être le mari de ma mère Jislaine. Mon frère était à bout de souffle, ça se voyait sur son visage qu'il avait couru sur tout le chemin. En arrivant à la maison, Roger était assis sur la galerie, un verre de Rhum à la main. Nonck est allé le saluer. A vue d'oeil, j'ai trouvé que ce Roger était prétentieux. Lui et Nonck sont partis dans la chambre pour discuter. En sortant, ils se sont serré la main. Roger était accompagné de deux jeunes garçons restés dehors pendant tout l'entretien. Ils parlaient avec Maan et ont été très courtois, ils ont apprécié le café servi par Maan. Soi-disant Roger est mon beau-père mais il ne m'a pas serré la main ni m'a demandé comment je m'appellait. Je suppose qu'il le savait déjà mais bon.

La photo

Après le départ de Roger et ses accompagnateurs, je suis rentré dans la chambre et j'y ai trouvé un petit colis sur le lit. Je suis sorti rapide come le vent pour aller voir ma grand-mère et lui demander ce que contenait cette petite boite mystérieuse. Elle m'a envoyé la chercher. Maan et Nonck ont ouvert la boite ensemble. Après une bonne minute, Maan s'est essuyé l'oeil du revers de la main. Elle a sortie de nombreuses choses de la boite. Arrivée au fond, j'ai vu son visage s'éclairer de mille feux, elle a sorti une grande photo encadrée. J'ai découvert une femme noire qui portait une robe bleue et avait une chevelure très soyeuse. Maan me fixait, la photo a la main et elle a enfin dit : "Charlot, je te présente ta mère". J'avais presque les larmes aux yeux, j'étais atteint dans mes tripes. Tout le monde était parti mais moi, je suis resté pendant des heures à regarder la photo pour mémoriser son visage. Comme ça, je suis sûr que je ne l'oublierai jamais. Depuis ce jour, chaque matin je me lève, je mets mon uniforme pour aller à l'école et je reste quelques minutes à regarder ma mère.

Blanco et le coq

Je suis parti chez madame Renée pour acheter une boite d'allumettes pour Maan. En rentrant à la maison, il n'y avait personne sauf Nonck. Il était assis sur un pied de manguier et préparaiy ses nasses pour le lendemain matin. Il m'expliqua que Maan était partie chez Germaine voir Blanco, tout juste revenu de République Dominicaine. Germaine c'est la petite soeur de Nonck et Blanco son fils. Depuis son jeune âge, Blanco est parti vivre en République Dominicaine. Je suis monté voir Maan et Blanco par la même occasion. Il a ramené des coqs de combat, l'un d'entre eux avait des couleurs pâles, l'autre des couleurs plus vives, rouge, gris, blanc. Un dimanche après-midi, il alla chez Jonas faire des paris et assister aux combats d'autres coqs. Jonas est le propriétaire des lieux. Blanco gagnait toujours à chaque fois qu'il y avait un combat avec ses coqs. Ses coqs étaient bien préparés, il leur coupait une partie du bec et ajoutait des griffes postiches naturelles fixées à l'aide de cire. Quand tout le monde avait fini de parier, le combat commençait et les coqs se battaient à mort. Maan m'avait interdit de regarder les combats, elle trouvait ça trop violent. J'y allais quand même, caché derrière un pied de palmier, pour voir Blanco encourager ses coqs en sifflant et en tapant dans ses mains. A chaque fois, il criait "Elise Verdier, aide-moi à gagner!!". Elise c'est mon arrière-grand-mère, décédée avant que je sois né.

La soupe au Giraumon

Après le réveillon, nous nous levons aux aurores pour préparer la soupe au giraumon, une variété de potiron très courue en Haïti. Maan et Aline préparent toujours cette soupe. Pendant la soirée du réveillon, elles ont déjà commencé à assaisonner la viande, préparer les légumes et des pâtes. A la fin, ça devient une sorte de potage aux légumes. Cette fête, c'est la fierté des Haïtiens célébrant l'Indépendance depuis le 1er janvier 1804. Maan me raconte chaque année que cette tradition rassemble les haïtiens de tous les âges. Elle ajoute que c'est un véritable plaisir pour elle de préparer cette soupe au giraumon. C'est une fierté sans pareille pour le premier peuple noir à avoir acquis l'indépendance de façon stratégique. C'est, en plus, le début d'une nouvelle année et aussi l'occasion de se rappeler l'espoir de nos ancêtres qui ont réussi à se sortir de la domination française. Pour Nonck, cet espoir est un gachis politique. Il ne remets pas en cause la situation coloniale, la violence esclavagiste ou le massacre racial mais pense toutefois que même si nous ne sommes plus des esclaves, le pays est toujours colonisé par les haïtiens en costume-cravate qui prennent le pays et le peuple en otage. Le comportement des descendants de nos ancêtres est synonyme de désastre intellectuel.

Le songe de Maan

Un soir, Maan ne se sent pas très bien et va se coucher assez tôt. Mes cousins et mon frère jouent aux dominos. Moi je suis assis sur un petit banc, mon dos est appuyé contre le mur pour ne pas tomber car le banc n'est pas en bon état, il n'a que trois pieds. Maan a pris sa lampe qui est posée sur la grosse malle dans le salon. Si je me souviens bien, c'est la première fois que je voie Maan dans cet état accablant. D'habitude, avant d'aller se coucher, elle nous raconte toujours des histoires. Mes cousins et mon frère continuent de faire du bruit, Nonck est quant à lui, chez sa nouvelle femme. Marie est dans le voisinage, plus exactement avec la fille de monsieur Aulio. Elles sont de très bonnes amies et trainent tout le temps ensemble. Deux heures plus tard, nous sommes encore debout et Marie n'est toujours pas rentrée. Maan est resortie de manière précipitée, elle est partie directement voir Aline pour lui raconter le rêve qu'elle vient de faire. Elle explique ainsi : "J'ai vu que la mer a pris la route nationale. Toutes les voitures qui passaient par là étaient plongées dedans. Bon Dieu !" En fait, elle a déjà interprété son rêve. "Demain, il va y avoir un accident de voiture dans le quartier, il y aura des morts. Erzulie est venue me prévenir". Le lendemain samedi, elle nous demande à tous de rester à la maison et de ne surtout pas sortir dans rue. Pendant que nous sommes tous ensemble sur la galerie, Vanel est venu rendre visite à Maan. Elllе lui prépare un café et lui se mit à causer avec Aline en lui demandant si elle avait appris la nouvelle. Aline à l'air étonnée. C'est comme ça que Vanel nous a appris qu'il y a eu un accident dans le virage de Saint-

Georges, à côté du débarcadère. La camionnette est tombée dans la mer, il y a eu trois morts parmi les voyageurs. Le garçon de Lolite, qui était assis le long du mur du débarcadère est aussi mort sur place. Aline regarde Maan sans dire un mot avant de rentrer tout de suite dans sa petite ajoupa. Aujourd'hui je comprends pourquoi Maan croie tellement en ses dieux, elle dit toujours "Erzulie me protège, si je suis là, c'est grâce à elle".

La pluie

    J'aide Nonck avec ses nasses de pêche, il me donne dix gourdes de monnaie. Je suis le petit garçon le plus heureux du monde. Je suis allé voir Tito et nous sommes partis chez Renée pour acheter du pain avec du beurre de cacahouètes. Elle a toujours du bon pain tout chaud. Nous prenons aussi un Cola Couronne "grand mangeur" (il est surnommé ainsi car celui qui arrive à tout boire tout seul est vraiment un grand mangeur). Après, nous sommes allées nous baigner. Le vent se met à souffler, la mer est toute plate et le ciel est clair. Il y a un grand soleil et puis subitement, il se mets à pleuvoir. Les gouttes de pluie sont très fines. Je donnerai tout aujourd'hui pour revivre un moment comme celui-ci. La pluie tombe de plus en plus fort et pourtant le soleil est toujours là. C'est comme si le soleil et la pluie se sont lancé un pari. L'eau de la mer est vraiment chaude, on dirait de l'eau de source d'un volcan. C'est incroyable comme la vie est belle ces jours-ci. Depuis, dès qu'il pleut je cours dans la mer mais je n'ai jamais ressenti les mêmes sensations.

La maison en flammes

A l'heure de me préparer pour aller à l'école, imposible de mettre la main sur mes chaussettes. J'ai fouillé partout dans la maison mais je n'arrive pas à mettre la main dessus. Mon cousin et mon copain Tito m'attendaient sur la galerie. J'entends Maan crier "Charlot, dépêche-toi!". J'ai fini par mettre mes chaussures sansa chaussettes. Je n'avais pas mis de crème sur mes pieds qui sont tout blancs. En me voyant, Tito se mets à rire mais je lui ai dit de la boucler. Sur la route, nous courons pour arriver avant que les barrières ne se ferments. Arrivés tout prêt de l'école, nous voyons une petite maison en flammes. Autour, il y a déjà une foule de gens impuissants face au feu. Deux ou trois personnes tentent encore de jeter des seaux d'eau mais le feu est trop déchaîné dans la maison. Une autre petite foule s'est mise à part. Au milieu, une dame est en larmes. Pendant un court instant, elle a perdu connaissance. J'entends quelqu'un dire : "pauvre madame Raymonde, elle a tout perdu. Bon Dieu, comment elle va faire maintenant sans mari ni enfant?" Une jeune femme à côté d'elle avec un chapeau de paille la ventile. Elle tient un verre d'eau et lui rafraichis le visage. De là où je suis, j'entends les poutres en bois qui se brisent parmi les flammes. Il y a même des éclairs de feu qui volent autour de nous. Dans notre village, il n'y a pas de pompiers. Même aujourd'hui, personne ne sait comment ce feu a commencé. Il était 7h30 le matin, il ne faisait pas si chaud que ça, il n'y a aps de courant ni de gaz. Madame Raymonde n'a pas de générateur non plus. Elle disait qu'elle avait éteint sa lampe. Tout le monde a son propre commentaire à faire sur ce feu. Tito et moi sommes absorbés par les flammes, nous en avons complètement oublié que nous serions en retard à l'école.

Le pied de manguier

La mangue appelée aussi mango est l'un des fruits les plus consommé au monde. A Haïti, c'est le fruit le plus consommé. Nous avons toutes sortes de variété qui se différencient par leur forme et leur couleur vive (verte, jaune, rouge). Nous sommes alors en mai, c'est la période pluvieuse, idéale pour déguster des mangues bien juteuses. Dnas le quartier, après la pluie nous nous donnons tous rendez-vous sur un petit morne appelé Karboman pour aller ramasser des mangues dans la ferme de monsieur Aulio ou encore chez Francis. Parfois nous grimpons sur les pieds des manguiers pour recueillir les fruits. Ce jour-là, les pieds des manguiers sont trop glissants, personne ne veut grimper. Mon cousin Juno a vu une belle mangue bien mûre de couleur rouge. Il veut grimper la cueillir mais on lui dit non, lui n'écoute pas. Pendant qu'il enjambe une branche fine, celle-ci se casse et Juno est tombé du manguier d'au moins dix mètres de haut. Il a eu beaucoup de chance, il s'en sort avec une jambe cassée et deux ou trois côtes fêlées. Aujourd'hui, je sais que la mangue apporte tous les apports nutritionnels et les calories dont nous avons besoin. Elle apporte notamment beaucoup de vitamine C et de potassium. C'est vrai que la mangue amène aussi dix à ving pourcents d'apports journaliers en glucides. Parfois je mange de la mangue le matin avant d'aller à l'école et à midi, quand je rentre et aussi le soir si Maan ne prépare pas à manger. Aujourd'hui quand j'y pense, s'il n'y avait pas la mangue en Haïti je ne serai peut-être plus là, je serai mort de faim. Pour nous, les manguiers sont le seul vrai cadeau que Dieu nous a fait. Les historiens disent que ce sont les portugais qui les ont amené dans les Caraïbes. Peu importe, la mangue c'est mon fruit préféré. Elles ont une histoire avec moi et j'ai une histoire avec elles.

La bande rara du carnaval

Nous sommes en période de fête rara, une bande très animée passe dans le village en plein après-midi. Le soleil est encore très chaud. Tito et moi sommes allés regarder. Une foule de gens dansent. Je rentre dans la foule, autour de moi il y a des jeunes, des vieux, des femmes, des enfants. Devant les musiciens, une dame grande et maigre portant une robe rouge et un turban coloré sur la tête. Elle à un sifflet à la main et fait des pirouettes dans tous les sens, elle se fait appeler la reine. Elle s'arrête un moment et j'en profite pour tenter de compter les instruments du rara. Je ne saurai dire combien il y en a exactement car il y en a de plusieurs sortes. Certains musiciens font de la trompette, du trombone, l'élecon, de la contrebasse, des maracas. Il y a aussi des tambours de tailles variables. Ce sont les instruments principaux du rara. Les gens entonnent une sorte de chant vaudou. Encore aujourd'hui, ce chant reste dans ma mémoire. Le groupe rara joue tellement bien, même les gens qui vont à l'église le dimanche regarde la pirouette de la vieille dame. Elle fait tellement le spectacle, on dirait qu'elle vole, ses pieds ne touchent pas le sol. Monsieur Aulio, le vaudouisant du quartier les invite chez lui. Il leur a donné de l'argent, à manger et à boire. Personne ne sait d'ou le groupe vient. Maan appelle la dame qui danse reine Erzulie. En écrivant ces mots, je fais mes recherches du côté de ma grand-mère. Je sais que le rara se transmets depuis plusieurs générations. Nous sommes héritiers de cette richesse historique et culturelle depuis les amérindiens, les espagnols, les français et plusieurs ethnies africaines. Le rara est notre patrimoine exceptionnel en République d'Haïti.

La voix de ma mère

 Un samedi matin, Maan se lève tôt pour aller en ville au marché d'Aquin. Pendant qu'elle se prépare, elle me demande de l'accompagner. Je suis étonné et content à la fois, je ne l'ai jamais accompagné auparavant. Je ne connais même pas la ville d'Aquin. Maan m'avait dit que quand j'étais tombé malade, petit, elle m'avait emmené à l'hôpital avec Aline en ville mais je ne me souviens de rien. J'avais à peine un an, c'est normal que je ne me souvienne de rien. Je suis donc parti en courant me changer. Quand j'ai eu finis, Maan n'avais même pas encore mis ses chaussures noires avec une bande blanche sur le côté. Avec sa salive, elle a nettoyé un peu de savon incrusté derrière mon oreille. Elle a aussi peigné mes cheveux avec une brosse. Elle veux que je sois beau.

 En arrivant en ville, je suis surpris de voir toute cette masse de population en plein soleil. Les marchands et les camions font un bruit atroce. Maan ne prend pas le chemin qui nous ferait rentrer dans le marché directement. Elle passe par une autre rue et s'arrête devant une maison dont l'enseigne indique "teleco".

 Nous sommes entrés, elle s'assoit et me dit que ma mère veut entendre ma voix. Je me sens désorienté, je me demande comment ma mère va faire pour entendre ma voix, elle qui se trouve dans un pays étranger. Une dame assise devant une vitre blindée a appelée "Mme Soliman, tu va dans la cabine numéro 2". Elle m'a suggéré de la suivre dans la cabine. Elle a fermé la porte derrière nous, a pris le téléphone dans la main et a dit "allo, commen yé?". Je regarde le téléphone de couleur rouge, je me sens enfermé et à l'étroit. Je regarde Maan parler à ce truc rouge et je l'entends dire "il est avec moi mais il est un peu timide, je vais te le passer". Elle m'a donné l'objet rouge et j'entends "allo, ca va?" d'une voix qui vient du ciel.

Je suis vraiment ébahi. Maan m'invite à parler mais je ne peux dire un mot, je suis terrifié par cette voix que j'entends dans le téléphone : "ça va mon fils, je suis ta mère, tu veux pas me parler?"

Je suis incapable de dire quoi que ce soit, nous sommes resté plusisieurs minutes comme ça et Maan a fini par reprendre le téléphone de mes mains. Je m'appuie sur sa robe, je l'entends dire : "c'est un garçon maintenant, il fait son timide". Je suppose qu'elle dit ça pour rassurer la voix dans le téléphone. Pour la première fois, j'ai entendu la voix de ma mère. Après cela, je ne sais pas comment réagir, je sens que Maan n'est pas contente. Nous sommes rentrés dans le marché, il y a tellement de monde que nous avançons à petits pas. Nous y avons passé 2 à 3 heures, je n'arrête pas de ressasser la voix que j'ai entendu dans la boite rouge. J'ai déjà une photo et maintenant j'ai une voix aussi.

En sortant du marché, Maan va voir une marchande qui se tient devant une charrette. Celle-ci contient des blocs de glaces et plusieurs bouteilles de sirop de toutes couleurs (verte, rouge, jaune, rose). Maan m'a demandé si je voulais un Fresco, j'ai accepté et elle m'a incité à choisir la couleur que je veux. J'ai pris vert et jaune et j'ai senti un gout de menthe et de citron. La marchande est très courtoise avec Maan. Elle gratte les blocs de glace avec une lame en métal. Le Fresco est super bon à gouter sous ce soleil. Je me sens de mieux en mieux.

Une fois rentré à la maison, je reste plusieurs heures à regarder la photo de ma mère et à imiginer sa voix. Je me pose plusieurs questions sans trouver de réponse mais je décide que la prochaine fois que j'entendrai "allo" dans le truc rouge, je lui répondrai.

La mort de Dodo

Aline et Maan disent toujours que Dodo est un dur à cuire. C'est le père de Nonck. Il est très malade mais ne meurt pas. Dodo a dépassé les 100 ans depuis un moment déjà. Il vit avec sa dernière fille, Aimée, la mère de Blanco. A chaque fois qu'on pensait qu'il ne passerait la nuit, le lendemain on le retrouvait toujours en pleine forme. Un dimanche soir, Maan lui prépare une soupe et je l'accompagne. En arrivant, nous trouvons Dodo couché, il n'arrive pas à parler, il n'a presque pas de souffle. Sa chambre est plongée dans la pénombre, elle sent la mort. Dodo n'est même pas capable d'avaler une cuillère de soupe, il est vraiment mal. Parfois il réagit par surprise, je crois qu'il se bat avec la mort. Il vomit quelque chose de bleu puis nous ne l'entendons plus, il est en train de trépasser. Maan veut que je sorte de la chambre et à peine quelques minutes plus tard, j'entends Aimée crier "Dodo est mort". Il n'avait pas d'acte de naissance, il l'avait perdu en voyageant. Nonck dit de lui "dans son temps, c'était le plus grand lutteur du pays". Tout le monde dit qu'il avait cent dix ans le jour de sa mort. Au jour d'aujourd'hui, je ne pourrai pas dire avec certitude son âge exact. C'est comme ça que j'ai vu mon arrière-grand-père mourir sous mes yeux.

La période creuse

Je ne sais pourquoi je n'ai aucun souvenir de mes neuf ans. Même aujourd'hui, ma mémoire me fait défaut, j'y pense assez souvent. Je pourrai raconter en détail mes huit ans et mes dix ans. Je continue à me demander encore ce qu'il s'est passé pour que j'oublie à ce point. Quand je demande à Maan, elle esquive la question comme si elle voulait me cacher quelque chose. J'ai sûrement purgé mon cerveau pour oublier de mauvais actes que j'aurai fait. Je demande aussi à Aline et mes cousins mais personne ne veux me répondre. Parfois j'insite beaucoup auprès de ma grand-mère mais elle a l'air agacée. Je finis toujours par laisser tomber. Un jour ou nous étions tous à table mon frère et ma soeur se disputent, il a dit "tu sais ce que tu a fait à Charlot, mais moi je ne suis pas lui". C'était comme une insulte. D'un coup, il y a eu un silence inouï à table, ça m'a surpris. Maan a donné une claque à Ken pour lui dire de se taire. Depuis ce jour, personne n'a évoqué cet instant étrange. Peut-être que c'est mieux ainsi même si en écrivant cette phrase, je me mords la langue.

Maan et ses rêves

Aujourd'hui Maan se lève avant tout le monde, même plus tôt que Nonck qui dort encore. Elle tient une petite cuvette dans laquelle elle urine. Elle la jette devant la porte. Elle dit toujours "la pisse c'est le mauvais oeil". Elle met ensuite ses genoux à terre pour prier, une bougie à la main. Elle pria tous les dieux, même la déesse Erzulie et le Baron Samedi. Elle a réveillé Aline qui dormait encore. De loin, on entend l'énervement de Nonck. Il ne fait pas encore jour, il doit être tout juste 4 heures du matin. Je l'entends raconter le rêve qu'elle a fait pendant la nuit à Aline. Elle raconte ainsi "la police française a arrêté ma fille pour la renvoyer hors des frontières, ils l'ont martyrisé et trainé de force pour monter dans l'avion". Maan et Aline ont toutes deux la peur au ventre, elles sont presque sûres que le rêve de Maan se réalisera dans la semaine. Maan est convaincu qu'il s'agissait de ma mère et qu'Erzulie était venue dans la nuit la prévenir. Aline pense aussi à son mari Luc, qui est dans le même pays que ma mère. Nonck ne croit pas du tout à ce genre de choses, il ne croit que ce qu'il peut voir ou toucher, le reste ne veut rien dire. Mais Maan et Aline sont sous le choc, elles se préparent à une mauvaise nouvelle. Le lendemain jeudi, Maan nous demande de rentrer à la maison directement après l'école. Nonck dit "cette femme croit qu'elle est Dieu, qu'elle peut voir des choses que même le plus grand vaudouisant ne peut pas voir. Elle ne dort tout simplement pas assez, elle est juste devenue trop superstitieuse". Ce jour-là Nonck est parti en ville très tôt dans la journée voir sa nouvelle femme. Arrive le soir, il fait nuit noire, la lune est partie, Aline et Maan sont asises sur la galerie pendant que Ken et moi rangeons nos couchages. Nous entendons Aline crier d'une voix aïgue et nous nous précipitons dehors voir ce qu'il se passe. Je vois un monsieur très mince debout dans la cour, une valise à la main. Aline est collée à lui, elle pleure et l'embrasse partout. Il est ensuite venu saluer et embrasser Maan. Elle lui dit "Luc, mon garçon". Il raconte qu'il sortait du travail quand la police française l'a arrêté pour l'emmener à l'aéroport. Il n'avait même pas de vêtements de rechange, c'est ma mère qui lui a emmené une petite valise avec quelques vêtements dedans. Luc n'est pas le fils de Maan mais celui de Nonck et de sa première femme. Il dit que cette période est difficile pour les étrangers, la police française est très à cheval. Depuis ce jour, nous tous sommes dans l'angoisse qu'un jour ma mère débarque chez nous comme l'a fait Luc. Nous avons depuis pris l'habitude de prier tous les soirs avant de dormir pour que Dieu garde un oeil sur ma mère, toujours à Saint Martin.

Bouki et Malice

Ce sont les deux personnages inséparables qui ont bercé mon enfance. Mon grand-père donne presque tous les soirs une nouvelle version de l'histoire de Bouki et Malice. Ce sont deux compères dont l'histoire commence toujours par "cric et crac". Comme tous les haïtiens le savent, Bouki est le souffre-douleur de son acolyte et neveu Malice. Bouki a plusieurs défauts, il est impatient, paressux, maladroit, vorace, crédule et surtout sot. Il a une seule qualité que tout le monde lui reconnait, il est fidèle à son compagnon. Malice lui a beaucoup de qualités, il est audacieux, intelligent, débrouillard dans toutes sortes de situations, beau parleur, charmeur, bon musicien et chanteur. Il peut malgré tout se révéler être malicieux, farceur, rusé et menteur.
Une histoire de Bouki et Malice que mon grand-père me raconte :
"Bouki devait faire un long voyage et Malice a réussi à le convaincre de ne pas porter ses chaussures toutes neuves car le voyage risquerait d'être compliqué dans un chemin semé de pierres tranchantes. Bouki est revenu de voyage, furieux et les pieds ensanglantés. Malice l'a complimenté sur sa décision de voyager pieds nus. "tu vois ce qui serai arrivé si tu avais décidé de porter tes beaux souliers tout neufs". Bouki l'a finalement remercié pour le service".
Une autre histoire :
"Bouki avait un boeuf qu'il avait caché et engraissait à l'insu de son compère Malice. Malice s'est mis à l'espionner pour découvrir son secret. Au bout d'une semaine, sa curiosité fut satisfaite, il découvrit la cachette de Bouki.

Un jour qu'il devait s'absenter, Malice en a profité pour manger le boeuf de Bouki."
Mais mon histoire préférée c'est celle-ci :
"Un roi des Caraïbes avait trois jolies filles, il mettait au défi celui qui arrive à trouver leurs prénoms. Celui qui trouverait pourrait alors se marier avec l'une d'entre elles et choisir laquelle. Tous les beaux garçons intelligents n'arrivaient pas à trouver les prénoms des filles. Bouki et Malice ont apprit le défi et ont décidé de chercher une ruse pour prendre les filles au piège. Malice était tellement prétentieux qu'il a acheté un beau costume et une guitare, il s'est dit que cela suffirait pour séduire les filles du roi et obtenir leurs prénoms. Il pensait que personne ne résistait à son charme. Bouki, lui prit l'habitude de suivre les filles partout pour connaitre tous leurs faits et gestes. Malice tenta de charmer les filles avec sa musique mais il ne parvint pas à ses fins. Il allait d'échec en échec, il finit par se décourager et laissa tomber. Bouki ne laissa pas tomber et un jour, sa persévérance finit par payer. Les filles avaient pour habitude d'aller prendre leur bain toujours dans la même rivière. Au bord de cette rivière se trouvait un manguier. Pendant que les trois filles se baignaient ensemble en rigolant, Bouki monta sur le manguier et choisit trois belles mangues bien mûres. Il lança la première dans la rivière, l'une des filles l'attrapa et dit "c'est pour Tania, ma grande soeur". Il lança la seconde et l'une des filles dit "celle-là est pour Julia". Enfin, il lança la troisième et la dernière fille l'attrapa et dit "c'est pour Esperanza". C'est comme ça que Bouki parvint à connaitre les prénoms des trois filles du roi et que celui-ci lui offrit en mariage l'une de ses filles".

Le transfert

Je ne sais plus vraiment quel âge je devais avoir mais pendant cette période difficile, nous n'avions rien à manger. Maan décida de vendre l'une de ses vaches. Nous étions en février, c'était un mois particulièrement dur, nous n'avions aucune nouvelle de l'étranger. En février, il n'y a pas de mangues. Un samedi, nous nous levons en nous demandant ce que nous allons manger. C'est le jour de la chance, ma mère a fait un transfert et a envoyé de l'argent pour tout le monde, même moi. C'est Ken qui se rend à Western Union récupérer l'argent. Je ne sais pas précisément combien elle m'envoie. Je sens que mon frère tente de me doubler. Je dit à Ken de me donner exactement la somme que ma mère a envoyé pour moi sinon je dirai à Nonck que Ken essayait de m'arnaquer. Ken ne m'a pas cru mais Nonck m'a entendu et il est furieux contre mon frère. Je suis sorti me promener, Ken vient me chercher dehors. Il comence à s'énerver contre moi, il veut que je viennes avec lui expliquer à Nonck que rien n'est vrai. Nous nous sommes bagarrés. Il a une corpulence deux fois plus imposante que moi, je ne peux pas trop me défendre. J'ai pris plusieurs coups de poing de sa part. Il m'a ensuite emmené à la maison de force. Depuis ce jour, mon frère et moi sommes deux personnes qui vivent sous le même toit sans parvenir vraiment à se parler.

La femme hystérique

Aujourd'ui c'est le 24 décembre. Nous sortons dans la rue pendant la soirée pour faire la fête et lancer des pétards. Pour la première fois dans le village, il y a de la lumière et ce n'est pas la lune qui nous éclaire. Chez Guinot, il y a de la musique mais nous ne pouvons pas rentrer, c'est réservé aux adultes et nous sommes trop jeunes. Pendant que nous jouons sur la route nationale, devant la maison de Naromi, Tilia insulte son mari de tous les noms. Elle est hystérique, elle crie, elle enlève ses vêtements devant tout le monde. Pourtant j'ai l'habitude de fréquenter son fils Dio, je l'ai toujours trouvée plutôt calme. Mais pas cette fois. On aurait dit qu'elle était déconnectée de la réalité. L'espace d'un instant elle était devenue folle. J'avais honte pour Dio qui ne pouvait rien faire pour contenir sa mère. La petite foule a fini par se disperser pour la laisser seule. Quelques minutes minutes, on ne l'entendait plus. Je me suis dit qu'elle avait peut être mal à la bouche, ce serait à cause de cela qu'elle aurait arrêté de scandaliser tout le monde. Tito, Dio et moi sommes partis un peu plus haut pour lancer les pétards qui nous restaient.

Saint Domingue

L'un de mes cousins réside à Saint Domingue depuis un certain temps. Avant j'entendais Maan parler de lui, c'est le plus âgé des quatre garçons de sa soeur Martha. Celle-ci est décédée d'une manière tragique, elle est morte en mettant au monde son dernier fils. Je ne les ai jamais rencontré avant mais je sais que celui habite à Santiago de la République Dominicaine s'appelle Fanfan. Il a grandi à Port-au-Prince avec son père Raymond. Quand il était jeune, il venait dans le quartier rendre visite à ma grand-mère. Mais ça fait longtemps qu'il n'a plus ramis les pieds au pays.
Il a un jour débarqué comme ça et a résidé chez nous. Il y a une grande différence d'âge entre nous deux mais nous nous sommes liés d'amitié tout de suite. Il m'apprécie beaucoup, plus que mon frère et mes cousins car je ne suis pas très bavard. Je le considère comme mon mentor. On a toutes sortes de discussions, il me raconte sa vie en République Dominicaine. J'apprends beaucoup en sa compagnie. Il est mon grand frère qui m'éblouit. Parfois quand il a rendez-vous avec une femme et qu'il doit annuler, c'est moi qui apporte la mauvaise nouvelle. Il n'a pas qu'une seule copine mais plusieurs. Il m'apelle souvent son transporteur car je devais aller le chercher puis le ramener sur un vélo à trois roues de couleur rouge et bleu qu'il a ramené de Saint Domingue. Lorsqu'il a des problèmes avec l'une de ses copines, c'est à moi d'essayer de la convaincre et de la rassurer. L'un des exemples les plus flagrant de notre relation : un jour il était dans sa chambre avec une fille appelée Guerline. Maan était dans la cuisine tandis que mon frère et mes cousins vagabondaient dans le voi-

sinage, Marie était avec l'une de ses amies. Tous les deux nous savions que Maan n'accepterait jamais ce genre de comportement. Pendant qu'il était dans la chambre, mon rôle à moi était de distraire Maan pour qu'elle ne se lève pas de sa chaise. C'était assez bizarre, surtout que Guerline faisait beaucoup de bruit. Par instants, je l'entendais crier. Si je ne voulais pas que Maan entende ses cris aigüs, soit je parlais fort soit je rigolais sans aucune raison valable. Quand elle me demanda pourquoi je riais sans cesse, je lui raconta un bobard quelconque. Après mon rôle d'acteur, j'étais toujours récompensé. Fanfan m'expliquait tout ce qu'il faisait en me donnant tous les détails. S'il ne se passait rien ou s'il n'avait pas envie de parler, il me donnait son vélo pour toute la journée.

XIII

Pendant mes grandes vacances, je passais mon temps libre chez Aymée, la toute jeune soeur de Nonck. Elle habitait à environ 200 mètres de chez nous. Elle dépensait la plupart de son argent dans la loterie, l'un des jeux préférés des haïtiens. Elle vivait avec son père Dodo avant qu'il meure. Elle a eu un petit nourrisson. Maan aimait beaucoup Dodo, parfois elle nous racontait des histoires marrantes sur lui. Avec Aymée par contre, elle n'avait pas trop d'affinités. Elle trouvait qu'Aymée était vraiment addict à la loterie, Nonck pensait que c'était pour cela qu'elle passait son temps à sortirt avec des hommes qui vendaient des billets de loterie. Moi j'adorais Aymée, c'était ma grand-tante préférée. J'étais comme un fils pour elle. Elle me parle de toutes sortes de choses, elle avait beaucoup de regrets, elle pensait avoir raté sa vie. Personne ne la connaissait réellement. Elle ne faisait plus confiance aux hommes, cela se voyait à sa façon de s'exprimer. Elle a aussi vécu beaucoup de trahisons, elle se renfermait sur elle-même et pourtant elle était encore jeune. Lorsqu'elle était trop occupée, elle m'envoyait acheter pour elle ses numéros magiques. Elle gagnait rarement mais pour elle, c'était une manière d'espérer. Un jour où nous étions dans son salon, elle donnait le sein à son nourrisson, elle m'expliquait qu'elle avait fait plusieurs tentatives pour quitter son calvaire et aller à l'étranger. C'était à chaque fois un échec. Une fois, elle était déjà dans l'avion, la police est venue la chercher. Une autre fois, elle a passé deux semaines en Floride chez son oncle Tyga mais la police américaine l'a arrêtée dans la maison même. Quand elle me racontait tout ça, elle avait la tête baissée. Quand nos regards se croisaient, elle tournait la tête, la voix pleine d'émotions et les larmes coulaient le long de ses joues. Elle se sentait différente du reste de la famille. Elle croyait que son destin était écrit d'avance, qu'elle allait passer toute sa vie dans ce pays où même les oiseaux ne veulent plus vivre. Je peux l'avouer maintenant, elle me faisait de la peine. Quand j'y repense, elle nous a quitté avec tous ces rêves plein la tête.

Un samedi, une fête se déroulait chez Annette qui fêtait les retrouvailles avec sa belle-fille qui venait de la capitale. Je me suis couché très tard, vers 2 heures du matin.

Le lendemain, le soleil s'était levé de bonne heure, Maan était déjà sur le pied de guerre dans la cuisine. Mon frère et mes cousins étaient partis dans les paturages avec Nonck. J'étais toujours au lit. Pendant que j'étais sous ma couverture, j'entandais des bruits de casserole qui m'enpêchaient de rester couché plus longtemps. Je me suis levé voir ce qu'il se passait, c'était Marie qui était de corvée de vaisselle. Je sais qu'elle détestait ça. J'ai retrouvé Maan dans la cuisine, je voulai qu'elle me fasse un bon café bien sucré pour que je puisse me réveiller complètement enfin. Il était alors 9 heures du matin, c'était impensable pour mon grand-père qu'un jeune garçon soit encore au lit aussi tard. J'ai fini mon café et je me suis précipité pour retrouver mon grand-père dans la montagne. En chemin, au milieu de la petite route à côté du jardin de Vanel, il y avait un cocotier où j'ai trouvé la fille de Azette en larmes. Elle devait avoir 3 ou 4 ans de plus que moi, si ma mémoire est bonne. Elle s'appelait Lovely. Nous ne nous disions jamais bonjour. Pour elle j'étais un petit garçon imprévisible. Je savais que tous les jeunes garçons du quartier étaient amoureux d'elle. C'est vrai qu'elle avait une beauté incomparable à toutes les jeunes filles du village. Elle faisait

tourner les têtes, mêmes celles des hommes mariés, pères de famille. Mon frère et l'un de mes cousins Jeannot parlaient tout le temps d'elle. Parfois c'était désespérant. Elle ne m'intéressait pas plus que ça, je pourrai même dire que je ne l'aimais pas du tout car elle était trop sûre d'elle. En la voyant assise là, sous le cocotier, j'ai avancé vers elle à petits pas, j'ai eu peur qu'elle me repousse ou qu'elle me dise quelque chose de vexant parce que cette Lovely n'avait pas sa langue dans sa poche. Elle avait un regard envoûtant et un visage d'ange. Je ne l'avais jamais vue d'aussi près. Ses yeux étaient gris. Je ne m'étais jamais intéressé à une fille avant, même à l'école. Je me suis surpris à avoir de la peine pour elle. Je me demandais comment une fille comme elle pouvait être aussi triste. Je suis resté à côté d'elle sans parler, elle n'a rien dit non plus mais elle a fini par arrêté de pleurer. Nous étions deux inconnus appuyés sur le même pied de cocotier. J'aurai bien aimé ouvrir la bouche mais j'ai eu peur de sa réaction. Mes cousins parlaient d'elle parfois comme d'un cheval pas encore dompté. La seule chose que j'espérais alors, c'est qu'elle reste le plus longtemps possible à côté de moi.
En la voyant si fragile, j'ai pensé que c'était un princesse mais elle avait simplement mauvaise réputation. Elle se cachait derrière un masque de fille sauvage. Je la comprenais cependant, elle avait trop de prétendants qui lui tournaient autour. Seulement dans ma maison, elle en avait déjà trois. Sans même un signe, elle a fait de moi le quatrième. Pour la première fois, j'ai senti mon coeur battre et une sorte de sentiment étrange que je ne peux pas expliquer. Même maintenant, sans me faire d'illusions, je pense à elle parfois. Je savais qu'elle n'étais pas faite pour moi. J'ai eu la chance d'être auprès d'elle pendant quelques instants, je savais que ça ne pouvait durer éternellement. Je pensais déjà à la suite quand j'ai entendu quelqu'un crier son prénom. J'ai prié tous les dieux pour qu'elle n'entende

pas la même chose que moi. Deux ou trois minutes qui m'ont paru interminables sont passées. Je commençais à remercier le ciel à voix basse mais la voix criait de plus en plus fort. C'était une voix d'homme très aigüe. Cette fois-ci, elle a entendu. Elle s'est levée précipitemment sans me dire au revoir. Elle a pris la route en marchant très vite. De loi, j'ai vu sa silhouette et ses hanches défiler, pour moi c'était comme un jour de fête nationale. Elle était près de passer le virage de Kaboman mais s'est retournée avec un grand sourire. J'étais bouleversé et me suis posé plusieurs questions. J'ai imaginé que peut-être elle avait tenté de me faire un signe ou me dire quelque chose. J'ai juste vu ses lèvres roses framboise bouger. Quand j'y pense, elle avait deux petites fossettes qui mettaient sa beauté en valeur. Je me suis dit que lorsqu'on me parlait des anges à l'école, on me me racontait des histoires qui se déroulaient dans la Bible, on ne m'avait jamais dit qu'un ange pouvait aussi être une jeune fille mince aux yeux gris d'une beauté inimitable et qui habite à 5 minutes de chez moi.

J'avais complètement oublié que je devais rejoindre mon grand-père. Il était finalement trop tard, alors je suis rentré à la maison. Je n'avais plus qu'une seule image en tête mais je ne pouvais en parler à personne. Sa tristesse et sa fragilité m'empêchaient de penser à autre chose, son sourire me hantait comme un fantôme.

Deux ou trois semaines se sont passées sans que je sache si je devais essayer de la revoir ou pas. Elle sortait rarement de chez elle. Je ne savais pas vraiment quelle stratégie je devais adopter.

XIV

Un après-midi, j'étais avec Maan dans la chambre, elle faisait une sieste. Nous avons entendu du bruit dehors. Un petit garçon hurlait sous les coups de sa mère, Amantha, l'une des femmes de monsieur Aulio. Son fils se prénomme David mais les gens l'appellent Blanc parce qu'il était très chabin (*deux parents noirs mais la peau claire, ne pas confondre avec un métis*). En arrivant tout le monde était déjà en train de regarder mais personne n'a osé s'interposer. Elle lui donnait des coups de poing à gauche et à droite, dans la tête, elle le trainait de force. C'était de la maltraitance gratuite. Je sais que tous les voisins avaient peur de monsieur Aulio, c'est pour cela qu'ils n'ont pas essayé d'intervenir. La situation était devenue intenable. David ne faisait même pas l'effort de se débattre ni de s'enfuir. Il supportait les coups jusqu'au moment où elle lui a donné une calotte avec ses chaussures. Il s'est évanoui. Maan était furieuse, elle s'est mise à insulter Amantha. Elle lui a demandé pourquoi elle traitait son propre sang de cette manière. Amantha a fait mine de ne pas entendre. Elle a laissé David par terre et est retournée dans la ferme de monsieur Aulio. Nous avons ramené David dans notre maison. Amantha est revenue par la suite, une valise à la main. Elle a appelé David deux ou tris fois mais Maan n'a pas voulu qu'il sorte.

- si vous le voulez, je vous le laisse, a crié Amantha. Elle est montée dans sa camionnette pour retourner dans sa ville natale. Quand Nonck a appris la nouvelle, il était très étonné. Il n'a pas compris comment une mère pouvait traiter son fils comme une chose insignifiante, comme si

David n'avait aucune valeur à ses yeux. David était maigre comme un clou, on pouvait compter les os de son corps. Maan disait de lui qu'elle n'avait vu jamais personne d'une telle maigreur auparavant. Elle lui a acheté de nouveaux vêtements tout neufs au marché d'Aquin car Amantha l'avait laissé sans rien. Nous étions tous très contents, Marie encore plus, elle l'appréciait déjà avant. Elle l'avait croisé en rendant visite à son amie Julia. Nonck avait approuvé la décision de Maan a cent pour cent, il applaudissait même. Maan avait cependant un peu peur de la réaction de monsieur Aulio mais lorsqu'il apprit la nouvelle, il n'a rien dit. C'est comme ça que Maan a recueilli un nouvel enfant à la maison.

Jusqu'au jour d'aujoud'hui il vit toujour avec ma grand-mère au grand coeur. Si Dieu me voit ou s'il m'entend, il doit être d'accord avec moi, cette femme noire aux yeux clairs mérite sa faveur éternelle.

Maan s'inquiétait toujours pour nous et encore plus pour moi parce que je passais la majorité de mon temps à vagabonder dehors. Pour elle, j'étais pas un enfant comme les autres, j'étais trop inprévisible elle avait du mal a me cerner par rapport aux autres enfants de mon âge. Heureusement tout allait super bien avec mes cousins et David le nouveau venu dans la famille.

XV

Mon frère, lui, avait pris l'habitude d'aller aux séances vidéos tous les soirs chez Michelet. Dans le village, il n'y avait pas d'autre distraction. Michelet passait toutes sortes de cassettes, des films d'action ou de science-fiction. C'était le seul endroit dans le quartier où on pouvait voir une télévision. Michelet, c'était un Haïtien qui avait passé la moitié de sa vie à l'étranger, plus exactement à Saint-Martin. jusqu'au jour où la police hollandaise l'avait arrêté pour des histoires de visa.

Tous les soirs, il passait un film différent mais un soir il passa un film que je voulais vraiment voir coûte que coûte. J'étais complèment obnubilé par ce film qui racontait la vie d'Alexandre le Grand que j'adore. Je connaissais tous ses exploits de guerre grâce à mon oncle qui m'avait amené un livre sur sa vie. Alexandre le Grand c'est le guerrier et le roi de l'Histoire que je préfère le plus. Dans son temps, il voulait déjà unifier les peuples et les races comme Toussaint Louverture, notre héros national.

Pas de bol pour moi, ce soir-là, Maan ne voulait pas qu'on sorte de la maison, pourtant j'avais réservé mon argent. J'ai insisté mais elle était inflexible. Le film devait commencer à 19 heures, Ken et mes cousins avaient déjà lâché prise mais moi je ne voulais vraiment pas rater cette séance de vidéo. Tout le monde était sur la galerie, ils discutaient et racontaient des histoires. La seule chose que j'avais en tête était de savoir comment je pouvais faire pour me dérober à la vigilance de Maan. J'ai fini par trouver la faille pendant que Maan racontait à Aline que la route était très endiablée ce soir-là et qu'il y avait une a-mie qui s'était déplacée en personne pour la prévenir. Elles parlaient par parabole, elles ne voulaient pas que l'on comprenne toute leur conversation. Il y avait soi-disant une bande de vaudouisants qui allaient sortir ce soir-là, ils n'avaient pas tous de bonnes intentions. Je ne voulais pas décevoir Maan mais je les ai laissées à leur discussion puis je suis rentré dans la chambre pour me faufiler derrière la maison. Il faisait tout noir, la lumière était étouffée par des cocotiers et des bananiers. Je courais comme un fou. En arrivant à la salle remplie de monde j'avais le souffle coupé. Le film avait déjà commencé depuis 15 à 20 minutes. Il n'y avait plus aucune place assise, tous les bancs étaient très garnis mais j'ai réussi à trouver une petite place par terre.

J'étais subjugué par la vaillance de l'acteur principal. Vers 21 heures, un vent frais s'est levé et a commencé à souffler de plus en plus fort. On aurait dit une petite tempête, pourtant, la nuit était très calme. Les gens s'en sont allés de la salle avant la fin du film. A un moment, la télé s'est arrêtée toute seule à cause d'une coupure de courant. Dans ce cas, nous n'avions pas le choix, il fallait partir. En sortant, personne n'allait dans ma direction. Je me suis retrouvé tout seul dans le noir. J'ai eu un peu la tremblote, j'avais surtout très très peur.

Maan insiste toujours sur le principe que, si l'on est tout seul sur la route et dans le noir, il ne faut jamais regarder derrière soi. Depuis la maison de Michelet jusqu'à la mienne, il y a environ vingt à trente minutes de marche. Ce soir-là, je n'ai pas marché, j'ai galopé et pourtant j'avais l'impression que la route s'allongeait au fur et à mesure. J'ai entendu un bruit derrière moi, je ne saurais dire, même en y repensant aujourd'hui si c'était un chien ou un cochon. Néanmoins j'ai supposé que c'était un animal à quatre pattes, il faisait des pas de géant. J'étais presque devant le portillon de la cour, il ne me restait plus que deux à trois mètres à parcourir. Heureusement, je n'entendais plus aucun bruit, la bête avait disparu comme par enchantement. Je me suis demandé si je n'avais pas rêvé. J'ai ouvert la petite barrière en bois puis je suis rentré doucement dans la maison , je ne voulais réveiller personne.

Mon cousin Rendy dort toujours la bouche grande ouverte et il ronfle comme pas possible, on dirait un petit cochon. S'il s'endort avant toi, tu es obligé de le réveiller pour t'endormir. Cette fois, j'ai essayé de le pousser mais sans vraiment parvenir à un résultat. J'ai levé les yeux au ciel et j'ai vu Maan assise dans le noir, les mains croisées et un foulard rouge sur la tête. Nous nous sommes regardés à peine une seconde et elle s'est recouchée tout de suite sans même prononcer une phrase. Je me suis couché avec la peur au ventre, j'ai eu beaucoup de mal à m'endormir, je me suis dit que je devrais écouter Maan plus souvent.

Le lendemain matin, j'ai trouvé madame Dieunna dans la cuisine en train de parler avec Maan. Elle était habillée tout en noir avec un foulard autour de sa taille. Elle tenait un verre rempli de café. Ce café était très chaud, elle a pris une gorgée et s'est brûlé les lèvres. Du coup, elle a reposé le verre quelques minutes avant de l'avaler d'un trait.

Après une discussion très animée, Maan s'est levée et est partie, visiblement chagrinée par les propos de madame Dieunna. En fin d'après-midi, Maan me demanda de l'accompagner dans le jardin à Caboman pour cueillir du pois Congo. J'étais assez surpris parce que d'habitude c'est à David qu'elle demande. Je l'ai donc suivie. Nous n'avions même pas commencé qu'elle s'est mise à me questionner en me demandant si j'avais vu quelque chose hier soir en rentrant à la maison. Je lui répondu que non, elle a insisté mais j'ai encore dit non. Elle a persisté en affirmant qu'elle était sûre que j'avais fait quelque chose parce que quelqu'un avait porté plainte contre moi tôt ce matin. Elle m'a fait un sermon sur le fait que dans ce pays la nuit n'appartient pas à des gens comme nous. Elle a persisté pour que je retienne ces paroles :"tu ne dois jamais répéter cette conversation à qui que ce soit ni parler de cette fameuse soirée. J'espère que tu as eu la frousse de ta vie. Tu sais, si je suis toujours vivante, c'est parce que je suis restée à ma place même dans ma jeunesse. Je sais que tu te crois fort, tu n'as peur de rien mais mon garçon tu n'es pas immortel personne ne l'est d'ailleurs. Ecoute-moi bien cette fois, je ne serai pas toujours là pour toi".

Je savais que Dieunna était la cause de cette dispute avec ma grand- mère. Après sa mort, j'ai appris que cette dame pouvait disparaître et se transformer en n'importe quel animal. Si elle était toujours vivante, je ne vous aurais probabement pas raconté cette petite anecdote. Aujourd'hui, je me rends compte que ma manière de penser ou de voir les choses est totalement incompatible avec les mentalités haïtiennes. C'est totalement surréaliste de croire à ce genres de choses, pourtant c'est la réalité quotidienne de ce pays et de ses habitants. Dans chaque histoire, il y a toujours une part de vaudou. Si ma grand-mère m'entendait m'exprimer ainsi, elle me dirait qu'il vaut mieux que je me taise car je ne connais pas grand-chose à la vie. Elle serait bien capable de me dire aussi que je suis devenu comme mon grand-père, Noir avec une mentalité de Blanc. J'ai pourtant juste l'impression d'être normal. Dans ce pays, on croit au vaudou ou on se laisse embobiner par les évangélistes. Tout n'est jamais ni tout blanc ni tout noir, c'est comme ça en Haïti. Nous vivons dans une sorte de geôle à ciel ouvert. Il peut se passer toutes sortes de choses inexplicables, il faut juste s'y faire. Certains démons comme madame Dieunna ont bon coeur et veillent sur nous. Moi, je les nomme démons de lumière, ils nous accompagnent jusqu'au pas de notre porte la nuit. Il y a aussi des démons des ténèbres, on a parfois l'impression qu'ils sont trois fois plus nombreux. Ils sont comme des grains de sable dans la mer, tous font partie de notre monde. Pendant un instant, je me suis senti perdu, je me suis mis à la place de ma grand-mère, il fallait que j'arrive à mettre mes idées au clair.

XVI

A la suite de la soirée vidéo, Nonck a préparé une corvée d'une vingtaine de personnes pour l'aider à la récolte des pistaches (une corvée est la réunion de personnes qui aident une autre personne sans rémunération mais en étant nourries et abreuvées, je ne sais pas si cette pratique existe toujours mais, pour grand-père, c'était un bon moyen de faire sa récolte sans trop dépenser). Tout le monde était de bonne humeur, il y avait une très bonne entente. Nonck a apprécié l'évolution du travail. Maan a préparé la collation avec l'aide d'Aline. Mes cousins et moi étions derrière les grands à ramasser tout ce qui restait. Nonck m'a demandé d'aller lui chercher de l'eau fraîche à la maison car la bouteille qu'on avait apportée était déjà brûlante.
Quand je suis arrivé, Maan était dans la cuisine et parlait avec une dame que je n'avais jamais vue auparavant, elle s'appelait Tita. Maan a toujours une cruche remplie d'eau bien fraîche dans la chambre, j'ai rempli une bouteille de cette eau et suis ressorti. En partant, j'ai entendu Tita prononcer mon nom. Evidemment, curieux, j'ai eu envie d'entendre la suite, j'ai fait quelques pas en arrière pour me cacher derrière le rideau.
Tita demandait à Maan si j'avais vu mon père. Je me suis demandé pourquoi cette dame que je ne connaissais absolument pas parlait de mon père à Maan. Elle a continué en disant qu'elle l'avait vu en arrivant chez nous, elle avait donc pensé qu'il était venu nous voir. Je me suis surpris à penser que personne ne m'avait jamais parlé de mon père. Pour être honnête, je ne me suis jamais posé la question non plus. Je n'ai jamais vu l'utilité de parler de mon père ni

de ma mère. Et voilà que, d'un coup, cette dame sortie de nulle part m'avait touché au plus profond. J'aurais espéré que ma grand-mère m'en parle d'elle-même. J'ai frémi derrière le rideau. J'ai ensuite entendu au loin Nonck m'appeler, alors je suis sorti rapidement. Quand Maan m'a vu passer, elle a changé de sujet en proposant un café à Tita, qui a accepté avec plaisir. De toute façon, si Maan essuie un refus lorsqu'elle propose un café, elle est vraiment très ennuyée. Lorsque j'ai retrouvé Nonck, le temps commençait à changer. Heureusement, les corvées étaient déjà presque terminées. Nonck a levé les yeux au ciel vers le nord et a dit que cette journée qui avait si bien commencé finirait par de la pluie. Nous avons fini de tout ramasser en vitesse. Nous quittions à peine le jardin que la pluie était déjà sur nous. Nous n'étions plus très loin de la maison mais le vent soufflait très fort. Nous nous sommes tous entassés sur notre petite galerie. Les corvées mangeaient et buvaient le bon repas que Maan avait préparé. Pendant qu'ils se racontaient des blagues, la pluie s'est arrêtée. Tous sont rentrés chez eux avec leur portion de pistaches. Sans vraiment participer au repas, je suis resté dans un coin avec mon repas. Je n'arrêtais pas de penser à ce que Tita avait dit tout à l'heure dans la cuisine. Maan a saisi que je n'étais pas bien. En temps normal, je n'aurais fait qu'une bouchée de mon assiette. Maan dit toujours que je ne mâche pas mes repas, j'avale tout comme un requin, je suis tout le temps affamé. Elle est partie à ses occupations, Nonck racontait une histoire dont je n'avais pas suivi le début. Quelques minutes plus tard, Maan m'a appelé, je suis rentré la retrouver très timidement. Elle s'est assise sur le lit et m'a dit de m'asseoir à côté d'elle. Elle s'est mise à parler de mon père. Elle m'a raconté qu'il avait d'autres enfants beaucoup plus grands que moi qu'il avait eus avec plusieurs femmes différentes. Avec sa femme actuelle il avait eu quatre enfants. Il avait fait plusieurs métiers, il avait été boucher et aussi cultivateur, il avait même été chef de section. En entendant tout ça, j'ai eu la chair de poule. Mais pourquoi Maan ne me disait rien depuis tout ce temps?

Je savais que Marie, Ken et moi n'avions pas le même père. C'était évident, nous étions trop différents du point de vue du caractère, on ne se ressemblait pas du tout. Mille questions fourmillaient dans ma tête, pourtant, Maan est restée silencieuse et je n'osais rien demander. Ça a fini par être gênant, alors je suis sorti de la chambre avec l'esprit bouleversé. Je me suis rendu compte que, jusqu'ici, je ne m'étais jamais posé la question de savoir qui était vraiment mon père. Ceci dit, lui aussi avait l'air d'avoir oublié qu'il avait un fils qui vivait à deux pâtés de maisons de chez lui. Je ne ressentais pas de manque parternel parce que j'avais été élevé par une lionne mais ce rappel m'avait énormément troublé. D'un coup, je me suis senti différent, au fond de moi j'ai éprouvé beaucoup de tristesse.

J'étais un enfant abandonné depuis l'âge de onze mois. Ma mère avait une excuse valable, elle s'était exilée à l'etranger en me laissant dans les bras aimants de ma grand-mère. Même si je n'avais aucun souvenir d'elle, je la savais là-bas pour nous rendre la vie meilleure ici, pour qu'on puisse avoir de quoi manger tous les jours. Je sais que, par rapport aux autres enfants du voisinage qui n'avaient personne hors du territoire, je vivais mieux qu'eux.

J'allais à l'école, une école privée en plus. Je n'avais objectivement pas de raison de me plaindre, mais au fond je ressentais depuis toujours un vide en moi. Maan et Nonck m'avaient vraiment donné tout l'amour dont ils étaient capables. J'ai mis du temps à passer à autre chose, j'imaginais comment aurait été ma vie si j'avais eu mes deux parents avec moi. J'avais des tas de questions en tête mais personne n'avait de réponses à me donner. La nuit, je faisais des cauchemars, le jour mon cerveau était confus. Je me suis surpris à ressentir de l'admiration pour ma mère partie mettre sa vie en danger pour nous donner une éducation digne.

Dans mon village, il y avait tellement d'enfants largués dans la nature sans personne pour se préoccuper de leur avenir. Il m'arrivait aussi parfois de passer des jours difficiles mais jamais des mois entiers et je sais que tout ça c'était grâce à ma mère. Je me suis mis à me détester parce que je n'avais pas eu le courage de parler avec elle quand j'en avais eu l'occasion. La prochaine fois que j'entendrais sa voix dans le téléphone rouge, je lui parlerais. Depuis ce jour, systématiquement, avant de dormir, je parlais avec ma mère dans ma tête. Certains appelleront ça prière mais j'avais réellement l'impression qu'elle était avec moi. J'ai fini par prendre mes distances avec les autres, je suis devenu assez solitaire. Un soir, je voulais aller me coucher tôt, Tito m'a incité à rester avec eux tous. Nonck était de bonne humeur, tous étaient réunis sur la véranda.

Il a raconté une fameuse histoire très intéressante. Cette fois-ci, j'avais écouté Tito me forcer à rester. Nonck réussit toujours à me changer les idées. Il parlait d'un jeune garçon de trente ans qui était vorace et radin et qui s'appellait Faustin, il habitait dans un village éloigné. Dans les villages, tout le monde a l'habitude de partager ce que chacun possède. Tous les villageois se connaissent entre eux, il n'y a jamais eu de problème mais Faustin avait un cochon qu'il engraissait. De jour en jour, le cochon grossissait, alors il avait de moins en moins envie de le partager. Mais, puisque dans les villages tout se partage depuis la nuit des temps, il n'avait pas le choix. Des jours et des mois sont passés, le cochon était de plus en plus gras et il a eu envie de le manger. Il ne savait pas comment il devait faire pour ne pas en donner une part, ça l'empêchait de dormir. Un soir, il a eu une idée, il a décidé de s'enfoncer au plus profond de la forêt, là où personne ne pourrait l'épier pour construire une petite cabane pour lui et son cochon. Il a préparé les fondations et ne s'est arrêté que parce qu'il commençait à faire noir. Dès le lendemain aux aurores, il est retourné dans la forêt. En arrivant, il a trouvé les fondations finies, les poteaux étaient déjà plantés. Il s'est mis à genoux pour prier et remercier le ciel. Selon lui, ça confirmait bien que Dieu était tout à fait d'accord pour qu'il mange son cochon tout seul. Ce qu'il ne savait pas, c'est qu'il y avait un zombie dans la forêt qui s'était sauvé de sa captivité, il avait entendu les propos de Faustin s'adressant à Dieu. Finalement, en trois jours, la cabane fut terminée, Faustin travaillait la journée, le zombie travaillait la nuit. Le quatrième jour, il rassembla un sac de farine ainsi que tous les ingrédients nécessaires à la préparation d'un grand festin. Il égorgea le cochon, assaisonna la viande et prépara le dombré (sorte de boulettes réalisées avec de la farine), il mit une énorme casserole au feu pour réaliser une sorte de bouillon. Il était très fier de lui, il admira toute cette nourriture. Il commençait à faire nuit, il se prépara un bol et n'avait pas encore pris une cuillère qu'il entendit du bruit. Pris de panique, il se cacha sous son lit, le bruit s'approchait de plus en plus de la cabane. Il sentait la terre trembler plus le bruit s'avançait, c'en était devenu insupportable. Finalement, il est sorti de dessous le lit pour courir vers le village. Le zombie ausi s'est mis à paniquer. Chacun s'est sauvé de son côté. Faustin est arrivé au village le souffle coupé. Pendant plusieurs semaines, il est resté sans parler à personne. Il avait changé et avait un peu honte. Après cette bonne leçon, il s'est remis à vivre comme tous les villageois.

Quand Nonck a eu fini son histoire, tout le monde s'est mis à rire en disant que Nonck ressemblait assez à Faustin. Nonck s'est défendu, il a affirmé qu'il aimait partager mais même Maan se moquait de lui.

Je me rends compte aujourd'hui que mon enfance était une enfance heureuse avec des hauts et des bas. Toutes ces histoires que mon grand-père nous a racontées et dont je vous fais part aujoud'hui sont ma mémoire, ces choses resteront en moi quoi qu'il arrive.

XVII

Depuis quelque temps, je n'arrêtais pas de faire des rêves érotiques. Je n'avais qu'une seule idée en tête, je devais faire tout mon possible pour revoir Lovely, j'étais habité par son sourire. Je ne sais pas si les rêves m'avaient changé mais j'étais différent dans mon corps, mon esprit était bouleversé.
J'imaginais toutes sortes d'images d'elle et je me voyais dans toutes sortes de situations.

Un soir, Tito et moi nous étions aller regarder un film chez Michelet et nous étions un peu en retard. Lovely était là, devant la barrière. Elle s'est reculée pour nous laisser passer. Ma peau a effleuré la sienne, le contact avec son corps me troubla énormément. J'ai senti son corps trembler pendant toute la séance ainsi que sa chaleur contre ma peau.
De loin, je l'ai vue discuter avec un jeune du village voisin. Ce garçon, qui était un peu plus âgé qu'elle, s'appelait David. Ils avaient l'air très complices. De temps en temps, je la fixais droit dans les yeux pour essayer de lui arracher un sourire. Pour apaiser mon envie de la serrer dans mes bras, j'ai essayé de suivre le film. Elle était beaucoup plus importante à regarder que le film. Tout à coup, je ne me suis pas senti bien, aujourd'hui je peux dire que j'étais jaloux de David, je trouvais qu'il avait énormément de chance d'être si proche d'un ange. J'ai insisté du regard, Tito a compris que j'avais le béguin pour Lovely.
Après la séance vidéo, (pour la petite histoire c'était un film d'action : Rambo), Tito n'a pas cessé de m'embêter durant tout le temps du trajet retour. Pour lui, c'était peine

perdue, je n'avais aucune chance avec Lovely. En plus, ça faisait plusieurs mois qu'elle sortait avec David qui avait le même âge que mon grand frère. Je me suis dit au fond qu'il n'avait pas tort, je ne pourrais sûrement jamais sortir avec elle. Je n'aurais jamais le courage de lui parler. En même temps, je me consolais en me disant qu'elle s'était déjà retournée plusieurs fois dans ma direction. J'ai passé ce soir-là une bonne partie de la nuit à réfléchir à la question, je ne me suis pas laissé décourager. Le lendemain matin, j'étais déterminé à parler avec elle.
Tito me raconta son emploi du temps qu'il connaissait par coeur. Elle passait tous les samedis par le chemin de Bizo pour aller vers la rivière. Tito ricanait en me racontant cela. Je me suis fâché car je suis très susceptible. Je l'ai laissé planté là et je suis parti. Je ne comprenais pas pourquoi il me narguait comme ça, en même temps, je ne voulais pas laisser paraître mes intentions. Au fond, j'étais ravi de savoir toutes ces choses sur elle, je voulais qu'il sache vraiment que j'étais amoureux de Lovely, que je l'avais déjà vue pleurer. Je m'étais éloigné dans un coin, j'avais une douleur dans la poitrine. J'avais envie de revoir cette princesse du village de saint-George, si j'avais une chance avec elle, elle était minuscule. J'ai laissé passer deux semaines car je voulais mettre en place une stratégie.

Tito et moi étions tout le temps ensemble mais je lui avais caché ma détermination, je ne voulais pas qu'il m'importune. Quand il s'agit de ce genre de choses, Tito peut être très agaçant. Nous étions vendredi, comme depuis quelque temps je suis parti me coucher en pensant à Lovely. J'ai encore rêvé d'elle, c'était devenu une routine. Il fallait vraiment qu'elle sache ce que je ressentais pour elle et même si j'étais sûr qu'elle allait m'envoyer balader. J'ai ruminé mille et mille fois ce que j'allais lui dire. Je me suis levé aux aurores le lendemain pour la retrouver sur le chemin de terre de Bizo, j'avais des fourmis dans les jambes et des picotements partout sur le corps. Je l'ai vue arriver avec une cuvette de vêtements sur la tête et un sac à la main, elle allait faire sa lessive dans la rivière, elle était lourdement chargée. Elle est passée à côté de moi sans dire un mot. Je l'ai suivie et me suis mis à parler. Elle n'a rien répondu pendant un long moment puis elle a éclaté de rire. Elle m'a demandé de l'aider à porter son sac. On a continué à marcher côte à côte, j'était frustré, je comprenais son sourire moqueur. J'avais envie de partir en courant. Je repassais dans ma tête tout ce que j'avais dit, est-ce que j'avais dit une énorme bêtise? Je ne me rappelle rien, alors je suis resté derrière elle à fixer ses jolies fesses rondes dans son petit short. En arrivant à la rivière, j'ai déposé son sac que j'ai déchargé puis elle a commencé sa lessive. Je voulais partir mais elle m'a demandé de rester avec elle. Je ne me suis pas fait prier, je suis resté à attendre un signe de sa part. Elle avait beaucoup de vêtements à laver, je l'ai ensuite aidée à en rincer une partie puis, nous sommes partis étendre tout ce linge.

Elle n'avait rien apporté à manger. En cette période de l'année, il y avait peu de mangues. Je suis allé faire un tour pour voir si j'en trouvais dans le coin mais je n'ai pas trouvé grand-chose. Je n'avais toujours pas entendu un mot de sa part, nous avons attendu ensemble que les vêtements soient secs. Nous étions presque collés l'un à l'autre, nos bras se frôlaient. Elle faisait mine de ne pas remarquer mon rapprochement. Pour la première fois, j'ai entendu une phrase complète sortir de sa bouche "tu te comportes pas comme les autres, toi".
Je l'ai laissé parler, j'étais de toute manière bien incapable de dire quoi que ce soit. Nos bras ne se frôlaient plus, je me suis tourné vers elle, elle me caressait maintenant le

bras, son visage était tout transpirant, on aurait dit qu'elle était fiévreuse.

Elle avait l'air toute timide d'un coup, j'ai essayé de m'approcher d'elle doucement, elle a reculé. Elle gardait obstinément la tête baissée et je ne pouvais croiser son regard. Néanmoins, elle tenait toujours ma main gauche. Avec ma main droite, j'ai essuyé un peu son visage. J'ai soulevé un peu sa mâchoire, nos visages étaient à moins de vingt centimètres l'un de l'autre. Je sentais tout le sang dans mon corps bouillonner. Lovely frémissait mais elle ne m'a pas repoussé. Elle a fermé les yeux puis ses lèvres ont accueilli les miennes. Nos deux coeurs ne faisaient plus qu'un, je me suis dit que je vivais un rêve éveillé. J'ai commencé à la toucher, ma main était incontrôlable, mes doigts se sont attardés sur ses petits seins fermes. Nous sommes restés plusieurs minutes sans respirer à nous embrasser, elle avait plus d'expérience que moi. Nous nous sommes arrêtés un moment pour respirer et elle m'a montré comment il fallait faire.

Elle voulait qu'on continue mais je voulais cette fois prendre mon temps pour faire les choses bien. J'ai repris mes caresses, elle gémissait de plus en plus fort. Elle bougeait ses petites fesses, petit à petit j'ai descendu ma main un peu plus bas.

Elle avait une petite culotte de couleur bleue, c'est elle-même qui a dirigé ma main. Je sentais ses poils sur son pubis. Nous avons décidé d'entrer dans la rivière, il est arrivé ce qui devait arriver. Lorsque je repense à cette journée, je me demande encore si je n'ai pas rêvé. Personne ne savait ce qu'il se passait entre Lovely et moi, elle voulait garder le secret. Elle sortait toujours avec David en fait. Pendant un moment, nous nous sommes vus en cachette mais ça n'a pas duré longtemps. Ce qui est arrivé dans la rivière c'était spécial, c'était surtout ma première fois.

XVIII

Les jours avançaient et Noël approchait. Une de mes grands-tantes était venue de l'étranger avec son mari, elle s'appelait Titata et c'était la petite soeur de Nonck. Son mari était aussi du village. Titata était très radine, tout le monde ne parlait que de ça dans le village. Cette fois-ci, elle a décidé d'organiser une grande fête, il y avait énormément de nouriture, elle avait même acheté un veau qui venait de Cayes. Son mari avait amené un poste pour mettre de la musique. On était tous joyeux et on s'amusait bien. Tito est venu me voir pour me dire que Maan me cherchait, elle avait besoin de moi. Je me suis précipité pour la retrouver, je suis même tombé en courant. Maan et Aline étaient sur la galerie comme à leur habitude. Il faisait très noir, alors Maan a demandé à David qui était dans la chambre de lui ramener la petite lampe. Quand David est revenu nous éclairer, j'ai vu un monsieur mince assis par terre, il était un peu chabin et portait une chemisette bleu ainsi qu'un pantalon noir. Je suis resté debout devant ma grand-mère, attendant qu'elle m'explique la situation. J'ai ressenti un malaise quand Aline s'est levée pour partir.

Maan m'a alors présenté mon père. J'ai ressenti comme un coup de poignard qu'on enfonçait en plein dans mon coeur. Le monsieur mince m'a tendu la main que j'ai tardé à prendre. Maan m'a regardé avec insistance pour que j'accepte sa poignée de main. Finalement, il s'est mis à parler, il a dit s'appeler Resnord. J'ai refusé de lui répondre. Si mes souvenirs sont bons, je crois être retourné à la fête sans lui dire un mot, ni même au revoir, je n'avais pas vraiment vu son visage. J'étais le dernier à rester à la fête, bien après que tout le monde fut parti. Je suis resté dormir chez Titata sur la galerie.

Le lendemain matin, c'est Tito qui est venu me réveiller. En rentrant chez moi, j'ai trouvé Maan dans la cuisine avec Nonck et Aline, ils buvaient leur café du matin. Aline a demandé à Maan comment j'avais réagi la veille. Je me brossais les dents juste devant la porte, du coup, Maan n'a pas répondu car elle et Aline m'ont vu et ont coupé court la conversation. Je ne sais pas pourquoi, mais au fond j'étais furieux. Je suis rentré dans la pièce prendre mon café, j'ai fait comme si de rien n'était mais je bouillonnais de l'intérieur. Maan m'a donné un petit pain au beurre et a voulu me donner de l'argent que Resnord m'avait laissé. Je l'ai laissé par terre, j'étais encore plus en colère. Je suis monté dans les bois, Tito m'a suivi, il avait ramassé l'argent et voulait me forcer à le prendre. Pour m'en débarasser, j'ai acheté un cadeau pour Lovely avec, je ne voulais pas m'en servir pour moi.
Depuis ce jour, Maan n'arrête pas de me parler de mon père, elle voulait que j'apprenne à le connaître. Je me suis finalement laissé faire. Depuis, tous les premier janvier, elle me fait mettre mes plus beaux vêtements pour aller lui dire bonjour.
En Haïti, c'est une vraie tradition depuis l'indépendance, tous les enfants qui ne vivent pas avec l'un de leurs parents vont lui rendre visite ce jour-là. C'est comme ça que j'ai découvert mon père, mes frères et soeurs, ceux qui vivent encore avec lui du moins. Je sais en avoir d'autres que je n'ai jamais vus, même maintenant que je suis adulte. Je sais maintenant qu'il était connu pour avoir une bonne position, c'est sûrement pour cela qu'il a eu autant de femmes et autant d'enfants. Comme beaucoup d'Haïtiens, j'étais un enfant abandonné par son père. J'avais beaucoup

de ressentiment envers lui, je n'ai jamais compris pourquoi il n'avait pas essayé de me connaître plus que ça alors que je vivais si près de lui. Mais, heureusement, son absence importait peu, Nonck était là pour moi et prenait soin de moi. Il m'a expliqué tout ce que je devais savoir de la vie. De la même façon, j'ai toujours considéré Maan comme ma mère, des années plus tard je pense toujours la même chose.

XIX

A cette époque, j'avais changé d'école, j'étais plutôt turbulent, bavard et culotté. En classe, mes professeurs n'en finissaient pas de se plaindre de mon comportement. Le censeur ne supportait plus les plaintes à répétition qu'on lui rapportait. Tous les jours, il se passait quelque chose. J'ai fini par me faire virer de l'établissement. J'ai changé trois fois d'école en peu de temps. Je n'avais, moi, qu'une seule idée en tête, chanter. Je ne voulais plus entendre parler de l'école. Maan était désespérée, elle ne savait plus quoi faire de moi. Elle pensait que le diable avait volé mon esprit. Je me bagarrais tous les jours, je n'avais plus aucun ami, les enfants du quartier m'évitaient comme la peste.

Ma mère m'a envoyé de l'étranger un walkman, je me promenais avec toute la journée à écouter de la musique. Un jour, j'ai rencontré Roger, il venait de la capitale avec sa mère qui avait décidé de rentrer au village après que son père, qui travaillait à la banque nationale, s'était fait tuer dans un braquage. Ce Roger chantait plutôt bien. Nous avons décidé de créer un groupe ensemble qui s'appelait Basic. Il avait plein de cassettes de rap américain qu'il avait ramenées de la capitale. On était tout le temps ensemble, je lui récitais des textes que j'avais en tête et lui les écrivait sur des feuilles. Roger savait aussi danser le hip-hop et moi je n'étais pas mauvais pour faire des imitations de voix. Nous nous sommes vraiment beaucoup amusés. Pourtant, on a fini par se séparer, je ne saurais expliquer ce qu'il s'est passé exactement mais on ne s'entendait plus et nous avons arrêté le groupe. Je ne passais chez moi que pour me changer et manger, je dormais chez un cousin. Je dois bien l'admettre aujourd'hui, j'avais de gros problèmes de comportement qui faisaient souffrir la personne que j'aime le plus au monde. Pendant ce temps, tout le monde faisait l'éloge de mon frère, il était poli avec tout le monde, sérieux, assidu en classe. Il avait passé son brevet de quatrième qu'il avait réussi avec grand succès évidemment. De mon côté, j'avais complètement arrêté l'école. Cela faisait déjà plusieurs mois que je voyais les autres partir en classe et moi, je m'ennuyais dans mon coin tout seul. J'ai pris conscience que je devais changer et retourner à l'école, au moins pour passer mon certificat de fin d'année primaire. Je n'étais pas si mauvais élève en plus, c'est juste que je n'aimais pas ça du tout. J'ai décidé de passer l'examen pour pouvoir entrer au collège l'année suivante. Je suis allé voir mon oncle Luckner, très cool avec moi, pour le prier d'aller rencontrer le censeur. J'étais sûr qu'il pouvait le convaincre de me reprendre et me laisser passer le certificat d'études. Le censeur/pasteur a pourtant répondu à mon oncle que je ne méritais pas d'avoir sa faveur. Aujourd'hui, je le comprends, c'est vrai que j'avais donné un coup de pied à sa fille qui ne m'avait rien fait, la pauvre. L'année passait et je commençais à réaliser que je voulais redevenir l'enfant que j'étais auparavant. Pour retrouver une école qui m'accepterait, j'étais obligé de changer de quartier. J'ai réussi à trouver un établissement à Zenzlé, j'ai redoublé ma classe mais je me sentais bien mieux. Je me suis fait de nouveaux amis. Je ne traînais plus du tout avec les enfants de mon quartier à part mes cousins et Tito.

Un dimanche après-midi, j'avais rendez-vous avec mes nouveaux amis, j'ai mis une belle chemisette et un pantalon, je suis monté sur mon petit vélo rouge et j'ai pris la route. Je roulais tranquillement lorsqu'un de mes anciens camarades m'a vu passer devant sa maison. Il s'est alors levé et m'a poussé. Nous n'avions plus rien à voir ensemble, je ne sais pas ce qui lui a pris. Je suis tombé et il a plongé sur moi, nous nous sommes battus un bon moment avant que son père vienne nous séparer. Il m'a attrapé mais je ne l'ai pas laissé faire, je lui ai donné un coup de poing dans la mâchoire, ce qui l'a fait saigner du nez et des dents. Jonas, le gamin qui m'avait attaqué, est rentré chez lui et moi aussi, je suis rentré. J'étais particulièrement énervé, j'avais décidé de le tuer. Pour moi, c'était la guerre. J'avais dessiné un périmètre que Jonas ne devait pas franchir. Dans cette histoire, personne ne me donnait raison mais pour une fois je n'avais rien fait. Depuis que je suis petit, c'était toujours pareil, pour les gens du village, j'étais la petite racaille du coin.

Moi, j'avais surtout mal pour Maan qui devait subir tout ça. J'avais l'impression que tout le monde se passait le mot et que j'étais complètement rejeté. Dans mon tourment, je n'avais personne sur qui compter. Mon frère non plus ne faisait rien pour me venir en aide. Pendant cette période étouffante, j'avais plein de mauvaises idées qui me passaient par la tête. Même Nonck ne me reconnaissait plus, il disait que la violence m'avait attiré comme un aimant contre lequel on ne peut pas lutter. Nonck et Maan parlaient souvent de moi, surtout quand j'étais pas là. Certaines personnes racontaient que ma mère se dépêchait de tout faire pour m'emmener à l'étranger avec elle. Maan et Aline étaient les dernières à conserver un peu d'espoir. Maan disait que j'avais grandi trop vite. J'allais toujours à l'école et je gagnais un peu d'argent en sortant en mer, c'est Nonck qui m'avait appris à nager et pêcher. Pour mon entourage, le mal avait pris le pas sur le bien dans mon esprit, c'était trop tard. J'avais beaucoup changé en à peine deux ans.

Je faisais beaucoup de rêves, c'était toujours pareil, j'étais revenu au bon vieux temps où mon grand-père me préférait à tous et il me racontait des histoires passionnantes qui me donnaient la chair de poule. Au fond, j'étais resté ce petit garçon. Je me cachais juste derrière cette image de petit sauvage. J'étais à des années-lumière du temps où Nonck me prenait la main pour m'aider à pousser le petit canot qui nous emmenait en mer.

Les voisins se demandaient s'il y avait des démons qui traînaient dans le quartier.
Un jour, un cousin a eu un accident. Il était au bord de la route et un camion l'a percuté. Il s'est fracturé plusieurs côtes, il s'est évanoui. Heureusement, il n'est pas mort, il a eu beaucoup de chance. Certaines personnes ont dit que j'aurais dû être à sa place. Je n'avais que douze ans, ce sont des paroles très dures quand même, je les ai méditées plusieurs jours. En tout cas, à chaque fois qu'il y avait une bagarre ou un évènement négatif, j'étais toujours nommé responsable et en tort. J'avais l'impression, et avec le recul que j'ai en tant qu'adulte aujourd'hui, j'ai toujours l'impression qu'ils voulaient tous me voir mourir ou presque. Je l'ai déjà dit mais la seule chose qui m'a toujours fait tenir le coup c'était la volonté de me racheter une conduite pour ma grand-mère. Elle ne m'a jamais laissé tomber et pourtant je lui ai fait beaucoup de mal. Elle en a passé des nuits blanches par ma faute.

XX

Lorsque je finissais l'école chaque jour, j'allais maintenant chez mon père, j'y avais découvert un frère qui s'appelait Woudi et une soeur prénommée Resna. J'avais découvert leur existence peu de temps auparavant, on avait à peu près le même âge. Nous sommes devenus de très bons amis même si j'avais souvent le coeur serré quand je voyais mon père avec eux. Chez mon père, on ne manquait de rien, on pouvait manger trois fois par jour. Il possédait des champs de bananiers et était aussi boucher. Dans son quartier, il était respecté. Parfois, il s'asseyait à côté de moi pour faire la conversation et même me parler de ma mère. Les choses commençaient un peu à se tasser, Maan retrouvait doucement le sourire. Elle avait en plus reçu une bonne nouvelle de l'étranger, ma mère avait reçu une carte de séjour. On se sentait libérés d'un poids énorme. Et comme une bonne nouvelle ne vient jamais seule, elle n'allait pas tarder à venir au pays nous voir. Le visage de ma grand-mère rayonnait de bonheur. Lorsqu'elle nous a annoncé la bonne nouvelle, Ken et Marie ont été beaucoup plus démonstratifs que moi. J'étais comme ça, j'avais encore beaucoup de ressentiment et je ne suis pas un grand démonstratif. Marie se désespérait en me voyant comme ça, elle a cru que ça m'était égal. L'ambiance s'est nettement refroidie, il y a eu un grand silence. Maan disait que j'avais besoin de temps pour digérer la nouvelle, que j'étais différent. En réalité, j'étais angoissé. Le soir même j'ai fait un songe, j'étais dans la noirceur du temps perdu, j'ai regardé autour de moi à l'affût de la moindre lueur d'espoir pour éclairer ma vie. J'ai parcouru mon monde deux ou trois fois pendant la nuit, je me suis rendu compte que tout avait changé. Le soleil se couchait le matin et se levait la nuit, la lune n'éclairait plus, le temps n'était que silence, mes ennemis étaient de nouveau mes amis, Nonck me racontait à nouveau des histoires, Maan me regardait comme son bébé et gardait deux ou trois Gourdes de monnaie pour moi parce que j'étais le plus vorace. J'avais retrouvé mon premier ami d'enfance Quito, sa jolie soeur avait toujours d'aussi belles lèvres. J'ai revu et ruminé tout mon passé.

Je n'avais aucun souvenir de ma mère, juste cette photo que je passais des heures à regarder sans que personne ne le sache. J'avais entendu sa voix dans la boîte rouge, à l'époque je n'avais jamais approché d'un téléphone et ne savais pas ce que c'était.
Toutes ces choses se bousculaient en même temps dans mon esprit. Je me rends compte, à l'instant où j'écris ces mots, que je cherche un peu d'espoir et d'émotion dans mes souvenirs. J'ai oublié pendant ces quelques années que je savais sourire, mon coeur s'était endurci, je ne faisais plus confiance à personne, à part Maan.

XXI

La dernière fois que grand-père m'a raconté une histoire, c'était à l'époque où les Américains ont débarqué en Haïti pour la deuxième fois pour ramener le président Aristide. " De 1915 à 1934, le président Roosevelt a décidé d'occuper militairement notre pays, notamment pour défendre les intérêts des banques d'affaires alors qu'au départ c'était censé être pour bloquer les importations venues d'Allemagne, il voulait limiter les possibilités de guerre avec l'Europe. Il y avait une communauté d'origine allemande en Haïti qui avait du pouvoir sur l'économie du pays. Apparement, la majorité du commerce maritime appartenait à de riches Allemands alliés aux riches familles de mulâtres locales. En vérité, le peuple savait qu'il s'agissait d'une excuse pour prendre les richesses du pays. Les paysans se sont rebellés, ils ont monté une armée surnommée "les cacos", ils étaient au moins quatre mille. Leurs chefs les plus connus ont été Charlemagne Péralte et Benoît Batraville, ils ont attaqué la capitale en octobre 1919. Il a fallu deux ans aux marines américains pour venir à bout de cette révolte."
Nonck était très fier de son grand-père qui avait participé à la révolte. Il pensait que, si le pays était dans un état si catastrophique, c'était en partie à cause des Américains et de leur occupation pendant laquelle ils avaient détruit l'essentiel de ce qui faisait la richesse du pays.

Cette histoire racontée par mon grand-père était bien lointaine. J'étais toujours dans un doux rêve. Au réveil, je me sentais bien dans ma peau, le soleil était déjà à sa place, la cuisine remplie de monde. Je suis resté quelques minutes dans le salon à regarder la photo de ma mère, j'ai retrouvé une certaine douceur en regardant son visage, c'était très agréable. Maan m'a appelé pour que je vienne boire un café avant qu'il ne refroidisse. J'avais oublié à quel point le café de Maan était délicieux et inégalable. Après un café pareil, il fallait au moins boire un ou deux verres d'eau. J'ai aussi mangé un petit pain au beurre et suis resté seul avec Maan pendant que les autres partaient à leurs occupations de la journée. Nous avons rigolé pendant qu'elle me racontait des histoires de loterie, j'avais l'impression d'être redevenu son chéri comme avant. Elle a voulu me raconter un secret qui devait rester entre nous. Alors, elle s'est levée et nous sommes entrés dans la chambre. J'étais impatient mais aussi un peu anxieux de ce qu'elle allait me dire. Maan avait un petit radio-cassette dans le salon sur lequel elle écoutait avec Marie la radio évangéliste. Elle m'a demandé de le ramener dans la chambre. Nous étions assis par terre et elle m'a montré une cassette blanche qu'elle tenait dans la main. J'étais étonné, je n'avais toujours vu que des cassettes noires. Elle m'a demandé de l'insérer dans le lecteur et m'a dit que c'était ma mère qui l'avait envoyé. Une partie était uniquement faite pour moi. J'ai écouté attentivement, entendre sa voix m'a fait frissonner, j'en étais tout chamboulé. Sa voix était tellement douce, Maan avait les larmes aux yeux et moi aussi j'ai fini par pleurer. Globalement, ma mère disait qu'on lui manquait et qu'elle allait venir nous voir bientôt. Elle a ajouté qu'elle avait hâte de me serrer contre elle.

Nous étions en septembre, elle devait venir en décembre. Elle a expliqué avoir déjà acheté son billet d'avion, qu'elle regardait tous les soirs avant de dormir en pensant à nous. Ensuite, elle le mettait sous son oreiller. Elle n'arrêtait pas de dire qu'elle voulait m'embrasser encore et encore jusqu'à ce que je n'en puisse plus. A entendre ça, j'ai souri mais je me suis demandé comment je réagirais le moment venu, on ne peut pas dire que j'ai vraiment connu ces gestes de tendresse. Cela m'a trotté dans la tête pendant quelques instants mais pas plus.

Après cette séance d'émotion intense, je me suis senti plus léger, tout le côté malveillant de mon esprit s'était comme par magie éloigné de moi. J'étais devenu un autre garçon car j'étais désormais convaincu qu'une autre personne à part ma grand-mère m'aimait. Je sais et j'ai toujours su que mon grand-père m'aimait malgré mes nombreuses bêtises mais il n'a jamais été démonstratif. Il m'a appris que, dans la vie, il ne faut jamais se laisser marcher sur les pieds, il m'a appris aussi la fierté d'un homme, il m'a incité à construire mon propre destin. Ces quelques mots résonnent dans ma tête tous les jours : "un homme doit se lever tôt, même le week-end car il se doit de montrer le bon exemple". Aujourd'hui, c'est parfois compliqué parce je ne fais jamais de grasse matinée et ça me pose problème dans ma vie privée mais je suis bien incapable de faire autrement. En écrivant ces mots, je pense bien fort à lui. J'espère que cet écrit lui rendra hommage et qu'il comprendra que je le remercie pour l'enfance vécue à ses côtés. Sans lui, je ne serais pas ce que je suis, c'est certain.

Après avoir écouté ma mère me parler dans le radio-cassette, j'étais particulièrement heureux toute la semaine, j'ai passé la majeure partie de mon temps à la plage après l'école à penser à la façon dont je devrais accueillir ma mère. Un jour, alors que j'étais à la plage, j'ai vu Lovely se disputer avec son copain David, elle avait pas l'air contente du tout. Au fond, ça m'a fait plaisir d'assister à cette petite scène de ménage. Depuis notre petite histoire, nous ne nous étions jamais reparlé, elle ne voulait pas que je lui adresse la parole en public et, de toute façon, nous n'avions jamais été amis. Elle avait maintenant beaucoup changé, elle avait toujours une petite bouche rose et des fesses bien rondes. Au bout d'un moment, la dispute était terminée, ils ont quitté la plage main dans la main. J'ai repensé un instant à notre "passé" ensemble et, je dois l'avouer, j'étais un peu dégoûté. Je me suis ensuite assoupi un long moment grâce au petit vent qui soufflait autour de moi. L'arbre au-dessus de moi était trop petit pour me protéger du soleil et c'est ce qui a fini par me réveiller. En septembre, c'est normalement la période des tempêtes mais cette année le climat était calme. D'après Maan, le climat est l'oeuvre de Dieu, comme elle était heureuse, c'était normal que la saison soit calme. J'ai pris la décision d'être heureux moi aussi en attendant la venue de ma mère trois mois plus tard. Cela faisait déjà douze ans que j'attendais pour la rencontrer et je pouvais enfin compter les jours. Maan avait décidé de faire des travaux dans la maison. Le contremaître s'appelait James, c'était l'homme à tout faire du village. Maan avait acheté quelques sacs de chaux et tout le monde dans la maison devait mettre la main à la pâte. On avait tous un seau que l'on devait remplir de sable de mer. Dans la maison, il y avait plein de petits trous à boucher, je passais tout mon temps libre avec James à apprendre à manier une truelle. C'est plus difficile qu'on peut l'imaginer. Après ces travaux avec les restes de chaux, nous avons entrepris de peindre l'extérieur de la maison ainsi que les portes et les fenêtres. On a tout peint en rouge et jaune, elle disait que c'est la couleur préférée de ma mère. Une fois finie, la maison était toute belle, elle dépassait de loin toutes les autres maisons du quartier. Durant cette période, Nonck buvait de plus en plus d'alcool. Mes cousins, mon frère et moi allions parfois le chercher dans la rue où on le trouvait complètement saoul. Maan disait qu'il était juste très heureux de revoir enfin sa fille mais qu'il n'était pas capable de l'exprimer naturellement comme tout le monde. Quand j'y pense maintenant, je trouve que c'est une drôle de façon d'exprimer sa joie, même si le rhum du pays est particulièrement bon. Je me souviens de la fois où il a été saoul pendant presque une semaine lorsque la police française avait arrêté son fils. Ça a toujours été sa façon de s'exprimer et de réagir à la vie.

XXII

Mon frère faisait des réunions secrètes avec tous les jeunes du quartier dans la maison de Davri. Ils avaient une grosse casserole de nourriture qui appartenait à monsieur Aulio, son fils faisait partie du groupe. Un jour, par hasard, je suis passé devant avec Tito, ils s'apprêtaient à manger. Lorsqu'ils nous ont vus arriver, il se sont mis à chanter "si ou te la pa la si ou pàt la retiré kom" (si tu es avec nous, tu peux rester, sinon tu peux partir). J'avais extrêmement faim mais je ne voulais pas m'immiscer dans leur groupe. Tito et moi sommes partis pour ne pas créer de problème. On les entendait encore de loin ricaner. Nous avons pris la route pour chercher des mangues, mais pour la première fois depuis longtemps, Maan avait préparé un déjeuner de patates, bananes et manioc, le tout avec du hareng. Elle m'avait laissé une grosse assiette que j'ai dévorée jusqu'à n'en plus pouvoir. Tito a expliqué à Maan ce que Ken fabriquait avec ses amis. Elle était furieuse car il n'aurait pas dû réagir comme ça avec son propre frère. Lui et moi n'avons jamais été complices, c'était lui l'enfant sérieux, qui allait sagement à l'école, tout le contraire de moi donc.

Maan disait pourtant que c'était moi qui avais le coeur sur la main, que j'étais bon avec les autres. D'ailleurs, elle disait que je l'avais déjà prouvé, puisque c'était pour cela qu'Erzulie m'avait choisi. Elle me faisait rire quand elle parlait de ça. Je sais maintenant qu'elle essayait de me rassurer, à l'époque je croyais un peu en cette déesse Erzulie. Marie pensait aussi qu'Erzulie me gardait en vie, malgré tous les dérapages, elle ne m'avait jamais laissé tomber.

Je ne pourrais pas dire qu'elle avait tort, avec toutes ces mauvaises intentions qui me tournaient autour, il ne m'était rien arrivé de grave. Je m'étonne de dire merci à Erzulie mais c'est vrai que je suis revenu de loin. Après tout, chacun sa culture, je ne dois pas nier la mienne et accepter les choses comme elles sont. Je me demande de temps en temps si, comme le dit Maan, Erzulie, la déesse de l'amour, est toujours avec moi. Mon entourage sait que, lorsque je ne suis pas bien, quand j'ai le moral à zéro ou que j'entreprends tout de travers, je fais des rêves très troublants. Je revis des moments passés avec ma grand-mère qui me manque à chaque instant qui passe. Cette idée me tient debout. Peu importe la situation, je donnerais tout pour me retrouver dans la petite cuisine de ma grand-mère pour boire un bon café.

Pour revenir à l'histoire que je racontais, lorsque Tito et moi avons fini de manger, nous sommes retournés vers la mer, le soleil tapait fort, il faisait briller nos cheveux sur nos têtes. Ce jour-là, il y avait beaucoup de monde. Non loin de là, il y avait une petite plage privée réservée aux mulâtres et aux Blancs. Quatre couples y étaient, c'étaient tous des Canadiens. Ils étaient tout le temps tout nus. Tous les enfants du quartier ne parlaient que de ça, nous étions surpris de leur attitude. Le plus étonnant, c'était que les femmes n'avaient pas de poils sur leurs pubis, nous trouvions ça vraiment choquant. Tito et moi passions notre temps sur la plage à les observer. Nous étions curieux de voir ces peaux toutes blanches défiler devant nous, qui parlaient une langue à laquelle on ne comprenait rien. Le gérant de la plage nous a dit à Tito et à moi que ces personnes étaient des Haïtiens mais nous ne l'avons pas cru, nous étions morts de rire. Une des dames, qui était assez proche de nous, était en train de distribuer de la nourriture dans des petites assiettes en plastique. Il y avait toute une bousculade autour d'elle, en plus, elle parlait dans une langue qu'aucun de nous ne comprenait. C'est vrai que ce soleil donne faim mais c'est pas une raison je trouve. Tito et moi sommes restés en retrait, à côté du gérant. Il nous a expliqué que cette dame était une Haïtienne qui parlait créole et français mais qu'elle faisait exprès de parler anglais pour qu'on ne sache pas sa véritable nationalité. Ce genre de personne le dégoûtait mais il n'avait pas le choix et était bien obligé de travailler pour eux. Nous trouvions ça bizarre de l'entendre parler comme ça de sa patronne. On avait pas trop confiance en lui. Même lorsque les propriétaires étaient absents, il ne nous laissait jamais entrer pour visiter de plus près. Nous avons fini par retourner dans l'eau, lui est resté à sa place à surveiller les lieux.

Un touriste blanc est venu nager tout près de nous, il nous a parlé en français. On comprenait mais c'était difficile de lui répondre. Il nous a dit s'appeler Christian, on lui a répondu en donnant nos noms également. Il était curieux et nous a demandé pourquoi nous n'étions pas avec les autres, puis aussi si nous avions faim. Nous avions un peu peur, les touristes blancs avaient mauvaise réputation dans le quartier. Il a fini par plonger dans la mer. Après plusieurs minutes sans bouger, on a eu peur alors j'ai demandé à Tito de le toucher pour voir s'il était toujours vivant. Il a frémi, il n'avait jamais touché un Blanc avant, moi non plus d'ailleurs. J'ai essayé de toucher du bout des doigts son dos tout blanc et, au même moment, il s'est redressé précipitamment, en soufflant fort et rapidement. On aurait dit qu'il était resté dans un sommeil profond au milieu de la mer. Du coup, nous l'avons accompagné et avons discuté avec lui. Nous sommes entrés dans la partie privée de la plage pour la première fois et nous sommes entrés dans la cour. Ils avaient une piste de danse devant un grand bâtiment et trois petites maisons sur les côtés. Il y avait quatre personnes assises à une table avec des enfants en bas âge, un fille et un garçon. La fille était plus grande que le garçon, les deux avaient un chapeau sur la tête. Christian nous a dit que c'étaient ses enfants et que les chapeaux étaient indispensables pour leurs peaux fragiles, qu'ils étaient différents de nous. Après, il est entré dans l'une des maisons et il en est sorti avec de l'argent. Il nous a donné cinq dollars chacun (vingt-cinq gourdes). Nous étions ravis, c'était pour nous une grosse somme à l'époque. Il nous a ensuite demandé de lui rapporter des mangues bien mûres pour les enfants qui aimaient beaucoup ça. Il a insisté aussi pour qu'on ne dise rien au gérant de l'argent qu'il nous avait donné pour cette mission. Nous n'avons pas compris pourquoi mais tant pis. Nous sommes rentré chez nous tout contents.

Cela fait maintenant plusieurs jours que, lorsque je rentre à la maison, je sens la présence de ma mère. C'est sûrement parce que tout avait changé dans la maison et tout était beau pour sa venue prochaine. J'avais toujours le même rituel en rentrant chaque jour, je passais quelques minutes à fixer la photo pour retenir son visage. Je suis resté ce jour-là plus longtemps que d'habitude et Marie m'a surpris. Elle était étonnée de me voir aussi accablé, elle m'a raconté des choses sur elle dont elle se souvient. Marie, qui est plus grande que moi, se rappelle le jour où notre mère est partie. Elle avait pleuré toutes les larmes de son corps toute la nuit qui précédait son départ. Elle m'avait serré dans ses bras des heures durant et j'avais dormi sur son ventre. Marie avait entendu que je devais partir avec elle mais qu'il y avait eu des complications de dernière minute. Cette conversation avec ma soeur m'avait beaucoup rassuré et fait du bien alors j'ai décidé d'écrire une petite lettre à ma mère en attendant son retour.

Maman, tu es une femme formidable dont j'admire le courage. Ton histoire est si remarquable qu'elle me donne envie de te connaître. Tu m'as laissé à onze mois pour aller chercher une vie meilleure à l'étranger avec le coeur plein de peine. Maman, n'aie aucune inquiétude pour moi, j'ai été élevé par une lionne qui m'a donné tout l'amour dont un enfant a besoin. Je n'ai jamais manqué de rien maman, je ne changerais pas notre passé comme je ne t'échangerai pas pour rien au monde. Tu as pris soin de nous de loin, grâce à toi et à ta ténacité, nous avons toujours eu à manger à notre faim. Merci et merci encore. J'espère que ces petits mots amèneront du soleil dans ton coeur. Quand tu reviendras au village, je serai là à t'attendre. Merci et merci encore pour tant de sacrifices. Je sais au fond de moi que je ne te remercierai jamais assez.

XXIII

Je suis resté plusieurs heures dans la maison , il commençait à faire noir. Marie se faisait belle dans la chambre, si ma mémoire est bonne, elle s'apprêtait à présenter son fiancé à Maan. Elle était assez nerveuse, elle a changé de vêtements plusieurs fois. Il était presque dix-huit heures quand Tito est entré dans la maison. Il a appelé Marie plusieurs fois en lui disant que deux garçons la demandaient. Elle a accouru en demandant où ils étaient et Tito lui a répondu qu'ils étaient déjà en train de discuter avec Maan. Elle se regardait dans le miroir toutes les deux secondes, ce qui nous a beaucoup fait rire. Elle est sortie puis revenue quelques instants plus tard pour nous demander d'aller chercher Yannick pour elle chez Aulio. Nous avions un peu peur d'aller chez Aulio, donc nous avons pris notre courage à deux mains, nous avons fait la course mais je me suis arrêté devant la barrière, je ne voulais pas aller plus loin. Yannick était déjà sortie, toute belle avec ses grandes jambes et ses grosses lèvres toutes rouges qui la mettaient en valeur. Elle était à tomber par terre avec un joli corsage jaune et une jupe noire. Ses chaussures aussi étaient noires. Je savais que Tito était amoureux d'elle en cachette, parfois il me parlait d'elle sans dire de qui il parlait mais j'avais deviné. Devant elle, il était subjugué, il avait du mal à prononcer un mot. C'est donc moi qui ai parlé à Yannick. C'est après que j'ai compris que l'un des deux garçons qui étaient à attendre à la maison était venu pour elle. Maan nous a ensuite expliqué que Yannick avait tellement peur de la réaction de son père qu'elle avait d'abord voulu l'emmener chez nous; elle faisait confiance à Maan, qui était la cousine de sa maman décédée. Nonck étais là mais il ne savait pas ce qui se manigançait. Tito et moi les avons laissés pour aller voir un film de Van Damme chez Michelet. David était déjà là, en avance comme d'habiture pour être au premier rang avec sa Lovely. Elle était la plus belle du quartier comme toujours. Aux yeux de Tito, pourtant, une autre fille était plus belle encore, elle était venue de la capitale et s'était installée dans le quartier avec ses parents. Elle s'appelait Claudia. Tito disait que tous les garçons du coin étaient fous d'elle, petits comme grands. Elle n'avait d'yeux que pour Joël, qui était beaucoup plus âgé qu'elle. Certains disaient déjà qu'elle était matérialiste et sortait avec lui parce qu'il avait une moto. Surtout qu'il était fils unique et ses parents, qui vivaient à Miami, lui envoyaient de l'argent chaque mois. Je ne pouvais m'empêcher de fixer des yeux ma Lovely, je pensais qu'aucune fille du pays ne pouvait être plus jolie qu'elle. Elle m'a vu la regarder, j'ai détourné le regard. Quel supplice, elle était toujours fraîche, ses formes un vrai régal. Si elle savait à quel point je voulais être à la place de ce David prétentieux. Tito continuait de parler mais je n'entendais plus rien. J'étais très loin, perdu dans mes pensées à repenser encore une fois à cette incroyable journée que nous avions passée dans la rivière. C'est l'une des plus belles journées de ma vie, le soleil était chaud, j'en ai encore des frémissements dans le corps en pensant à ces moments précieux où elle a pris ma main pour me guider comme un aveugle dans ses parties intimes. Ce jour-là, j'avais parlé à Dieu et lui avait dis que, s'il voulait, il pouvait prendre mon âme. J'ai reçu un petit coup de la part de Tito qui m'a fait sortir de mes rêves, le film n'avait pas encore commencé. On voyait le carnaval. A cette période, il y avait un groupe à la mode dans le pays qui passait avec son chanteur vedette Samiby, dès que l'on voyait un de leurs clips vidéos, tout le monde devenait hystérique. Je pensais que c'était la raison pour laquelle Tito m'avait sorti de mon doux rêve. Quand je me suis tourné vers lui, il m'a fait signe de regarder devant et j'ai vu Joël se chamailler avec une fille très mince à l'air très amoureux puisqu'elle l'embrassait partout. Moi qui passais désormais beaucoup de temps chez mon père et mes nouveaux frères et soeur, je me suis rendu compte que je ne savais pas vraiment ce qui se passait dans mon quartier. C'était toujours Tito qui me tenait au courant des histoires. Il m'a expliqué que c'était elle la nouvelle fille qui avait emménagé dans le quartier. Effectivement, je ne l'avais jamais vue auparavant, elle était plutôt mignonne mais rien à voir avec Lovely. Lovely était comme un ange tombé du ciel, d'une beauté naturelle incomparable, surtout avec les filles de son âge. Mais Tito, lui, disait :"tu vois, elle est dix fois plus belle que ta Lovely, c'est une fille de la ville, elle n'a rien à voir". Evidemment, je n'étais pas du tout d'accord mais bon, inutile d'argumenter, on allait pas se disputer pour deux filles qui ne remarquaient même pas notre présence. Nous sommes restés tranquilles dans notre coin. Durant tout le film, j'essayais de me réfréner mais je ne pouvais m'empêcher de jeter un coup d'oeil vers Lovely. Je voulais croiser son regard mais je n'ai pas réussi. Je me suis résigné et j'étais prêt à me concentrer sur la vidéo quand j'ai entendu des ricanements à ma droite. C'était Claudia dont j'ai du coup croisé le regard. Joël m'a vu. Tito m'a dit qu'il était très jaloux mais j'avais oublié. Là, je sentais qu'il n'était pas content du tout. Il n'y avait pourtant rien de mal. Pendant tout le film, j'ai pensé à Lovely, je n'arrive pas à me souvenir comment s'est terminée notre petite aventure. Dès que le film s'est terminé, Tito a recommencé à parler de Claudia, il avait l'air émerveillé par cette fille. Et, de mon côté, je me demandais si Lovely allait toujours à la rivière faire sa lessive, surtout depuis qu'une tuyauterie publique avait été installée près de la route. Bon, de toute façon, cétait du passé. Tito, lui, m'a fait tout un discours : "je l'ai vue parfois mais avec Lovely, tu sais, t'auras aucune chance, nous ne sommes que des enfants, elle ne veut pas de garçons de notre âge. Laisse tomber, en plus elle est accroc à David. Il n'est vraiment pas malin pourtant, j'ai même entendu qu'il la frappe parfois. Malgré ça, elle est toujours accrochée à lui, personne ne comprend plus pourquoi. Avant, je l'aimais bien, mais c'est du temps perdu. Je n'ai plus envie que d'une personne maintenant, Claudia. Elle est mince, sa peau est toute fine, j'ai envie de croquer dedans. Si, un jour, cette fille me tombe dans les bras, je ne la lâcherai pas et je ne sortirai pas pendant au moins dix ans d'affilée." Je lui ai répondu qu'il ne pourrait pas tenir plus de vingt-quatre heures sans manger, qu'il la laisserait là pour s'acheter à manger. Nous avons rigolé puis nous sommes rentrés. On s'est donné rendez-vous le lendemain pour cueillir des mangues pour le Blanc, Christian. En entrant, j'ai trouvé Maan encore debout, elle discutait avec Aline et Anette du retour de ma mère. Je me suis senti plus vieux, plus mûr et me suis décidé à aller voir Lovely dès le lendemain. Je voulais la convaincre de devenir ma petite amie et j'étais déterminé.

XXIV

Maan est tombée malade ce soir-là, je ne suis pas allé voir la fille qui hante mon esprit finalement. Maan ne pouvait plus bouger de son lit, elle souffrait terriblement des genoux. C'était la première fois que je la voyais comme ça. Ca m'a fait un choc et je me suis posé beaucoup de questions. J'ai eu peur pour elle. Marie l'a poussée à consulter un médecin à l'hôpital d'Aquin mais elle a dit que c'était pas grave. Elle considérait que trois jours de repos étaient suffisants pour se rétablir. Deux jours plus tard, elle souffrait le martyre, Marie lui a dit qu'elle l'emmenait à l'hôpital, c'était décidé et elle a accepté. J'avais les larmes aux yeux. Nous l'avons transportée dans un taxi et sommes arrivés à l'hôpital. En rentrant, elle était fâchée car le médecin lui avait administré des piqûres, elle aimait pas ça du tout. Au réveil le lendemain, ses genoux avaient désenflé mais elle avait de la fièvre. C'est d'ailleurs pour ça, nous a-t-elle expliqué, qu'elle n'aimait pas les piqûres. Heureusement, elle a fini par guérir complètement. Elle a pensé qu'il s'agissait d'un avertissement de la part d'Erzulie, qui n'était pas contente que nous soyons, Maan et moi, en désaccord. Elle croit tellement au vaudou, c'est peine perdue que de discuter. Personne ne pourra la changer. Je sais qu'encore aujourd'hui, elle y croit dur comme fer. Cela me fait encore peur, si elle tombe malade, si personne ne la force à aller à l'hôpital, elle restera à la maison jusqu'à ce que sa maladie empire vraiment. Elle trouvera toujours moyen de dire que c'est de la faute de la déesse de l'amour ou du baron Samedi, furieux pour une quelconque raison.

Tout était enfin rentré dans l'ordre. Un matin, tout était calme dans la maison pour une fois. Même le soleil tardait à se lever, le ciel était sombre. Mon grand-père dit qu'un matin comme ça voulait dire qu'il pleuvait quelque part dans le nord. Ce matin-là, il est entré dans la cuisine en disant bonjour et avec le sourire. C'était bien la première fois que je l'entendais dire bonjour à tout le monde, surtout à son fils Luck car ça faisait longtemps qu'ils étaient fâchés.

Un soir, ils buvaient du rhum cinq étoiles Babancourt, du très bon rhum de chez nous. Ils se sont disputés assez violemment, ils ont failli en venir aux mains. Cela dit, personne ne sait vraiment ce qu'il s'est passé et pourquoi. Avant, ils travaillaient ensemble mais, depuis ce soir-là, chacun évite l'autre. Finalement, Maan nous a raconté bien plus tard que Luck avait annoncé à Nonck qu'il voulait devenir vaudouisant et que Nonck était franchement opposé à cette idée. Nonck pensait à son frère Améton, un vaudouisant qui n'avait pas réussi grand-chose. Il ne souhaitait pas que son propre fils rentre dans ces histoires. Maan avait bien sûr son avis sur la question, elle était du côté de Luck bien sûr. D'après Nonck donc, il fallait bien qu'il donne à manger, à boire et des vêtements à ses enfants, qu'il les mette à l'école. Dans ce pays, il y a trop de gens sans travail, la misère est partout. Soit tu deviens cultivateur soit berger alors et c'est dur de vivre seulement de ça. Quand on a une famille comme celle de Luck, avec quatre enfants, tout est cher. Il pratiquait déjà le vaudou lorsqu'il vivait à Saint-Martin. Il en vivait là-bas, comme ça il ne sortait pas trop, il ne voulait pas que la police l'arrête. C'est pourtant ce qu'il s'est passé.

Nonck a fini son café puis est parti dans les mornes avec son sac à dos tresser les fils de bambou. Il a demandé à David de l'accompagner qui s'est précipité pour le suivre. Il a croisé des voisins qui venaient boire le café de Maan et manger quelques petits pains et leur a parlé, il leur a même raconté des blagues. On a tous été surpris, c'était pas du tout son habitude, il trouvait qu'ils étaient des profiteurs. Maan a dit que ce serait un miracle s'il ne pleuvait pas dans les trois heures, elle a eu peur aussi qu'il arrive quelque chose de grave. Il a évidemment plu peu de temps après. Je suis sorti peu après eux sans but précis. J'ai flâné au bord de la nationale, à regarder les voitures qui passaient.

J'ai croisé le petit restaurant de Naomie, la femme de Davri, qui vendait de la nourriture toute préparée. Elle gagnait de l'argent grâce à tous ces jeunes qui traînaient sans but et que Nonck déteste tellement. Ils faisaient beaucoup de bruit devant sa baraque en paille et elle acceptait ça sans rien dire. Nonck appréciait beaucoup Davri, il le disait droit, intègre et très discipliné comme peu d'hommes dans ce pays. Tito est venu à ma rencontre, il me cherchait. Nous sommes partis au bord de la mer, comme d'habitude.

XXV

Depuis plusieurs jours, il était avec les Blancs canadiens et très occupé. Maintenant, il était chagriné parce qu'ils étaient partis. Il s'était lié d'amitié avec Christian. Il nous avait même donné vingt-cinq gourdes pour aller cueillir des mangues. Tito trouvait dommage que je ne l'aie pas accompagné plus souvent, il l'avait trouvé très gentil. Christian lui avait donné des beaux vêtements dont il n'avait plus besoin. Lui, c'était un vrai Blanc mais sa femme était une mulâtresse haïtienne et ils s'étaient rencontrés à l'université de la Sorbonne en France. J'étais étonné que Tito sache toutes ces choses alors qu'il ne parlait que le créole tandis que Christian parlait français. Mais ils s'étaient compris et Christian était apparement très bavard. Surtout, il n'avait pas peur de nous, contrairement aux autres Blancs. La plage appartenait à sa famille, son père en était déjà propriétaire. La famille Remond, elle est très connue, c'est l'une des familles de mulâtres les plus riches du pays. Son frère Willy parlait toujours mal aux jeunes, même au gérant qui est pourtant plus âgé que lui. Quel salopard celui-là, c'est Christian qui nous a appris ce mot. Tito me racontait donc tout ce que j'avais raté et avait gardé, disait-il, le meilleur pour la fin. Un jour, il devait aller acheter du citron pour Béatrice, la femme de Christian. Lorsqu'il est revenu sur la plage, il a trouvé une Blanche, apparement c'était la soeur de Christian, en train de faire l'amour avec un jeune Noir du quartier. Le plus bizarre, c'était que son mari était là aussi, il était assis sur une chaise et les regardait faire, il avait l'air d'y prendre plaisir. Tito était resté là un bon moment. Il disait : "si ton oreille avait

été bien propre, tu aurais pu entendre les gémissements de la fille depuis la rue". Il m'a fait rire et nous avons conclu que ce Noir avait eu de la chance, c'est une chose qui n'arrive qu'une fois dans sa vie. Quand même, ces Blancs n'ont aucune valeur morale ni aucune pudeur j'ai l'impression. Ils ne respectent rien ni personne. Ils se baladent sur la plage comme nos premiers parents dans le jardin d'Eden. Je me demandais surtout s'ils faisaient pareil dans leur propre pays. Nous, évidemment, ça ne nous dérangeait pas vraiment, c'était même agréable de regarder une femme toute blanche nue. On dirait bien qu'elles faisaient même exprès pour nous exciter et après elles faisaient semblant de ne pas nous voir. On aurait dit qu'elles se sentaient seules au monde et propriétaires de ces superbes plages de chez nous.
Pour nous, c'était devenu une habitude et nous étions ravis, c'était une belle époque. Tous les ans, elles débarquaient pendant les grandes vacances et leur manège recommençait. En plus, elles achetaient toutes sortes de choses, les petits commerces artisanaux avaient fleuri un peu partout dans les environs. C'était bon pour les habitants et ça les faisait vivre. Pourtant, il n'y avait pas que des bons côtés. L'Etat n'avait aucun contrôle sur les exportations, sur l'argent qui passait de main en main. Les riches profitaient de nous et nous exploitaient pour trois fois rien.

J'ai demandé il y a peu à ma grande soeur, rentrée au pays l'année dernière, s'il y avait toujours des touristes dans nos villages mais ça fait longtemps qu'ils ne viennent plus. Les plages sont abandonnées, les champs de cocotiers ont repris le dessus, les maisons sont en mauvais état. C'était tellement beau, quel gâchis. J'ai passé la majorité de mon temps durant mon enfance à admirer ces plages qui faisaient la fierté de mon coeur. Il y avait de la vie, des couleurs sur ces plages. Je me souviens d'un monsieur qui tenait un petit restaurant qui faisait aussi discothèque la nuit. Il y avait un bon groupe qui jouait là tout le temps. Tito et moi, nous nous cachions derrière les bambous pour regarder les touristes danser. On se disait que, quand on serait grands, on ferait la même chose. Ici, la musique ne s'arrêtait jamais, c'était notre mode de vie. J'en ai presque les larmes aux yeux quand Maan me raconte à quel point tout ça a bien changé. Toute cette vie n'existe plus désormais. Tout le monde ou presque est parti, les jeunes n'avaient qu'une seule idée en tête, partir. Mais si un jour vous venez en Haïti et que vous voulez pousser jusque dans le sud, dans la commune d'Aquin, demandez la plage de Cocoyer Anglade. Après une bonne baignade, demandez Maan, tout le monde la connaît et elle se fera un plaisir de vous préparer le meilleur café du pays, je vous le garantis.

XXVI

Le jour de l'arrivée de ma mère approchait à grands pas, tout le monde s'affairait pour rendre la maison la plus belle possible. La veille du jour J, nous nous sommes tous réunis autour d'un feu pour raconter des histoires et anecdotes sur elle. J'ai écouté attentivement, j'avais envie de tout enregistrer dans ma mémoire sans jamais rien oublier. Maan a raconté une histoire entre ma mère et mon père. Elle s'était fâchée contre lui, il devait rentrer chez lui car ils ne vivaient pas ensemble. Il y a environ quinze minutes de marche entre notre village et celui de mon père. Ma mère lui parlait donc mais il n'écoutait pas vraiment. Quelques jeunes jouaient aux cartes un peu plus loin et au final il n'est pas rentré chez lui, il est resté rigoler avec les jeunes. Il avait pourtant dit à ma mère qu'il était pressé. Alors, quand ma mère l'a vu encore près de la maison, elle s'est précipitée sur lui. Elle était tellement en rage qu'elle a trouvé la force de le porter sur son dos alors qu'elle était enceinte et elle l'a déposé sur son lit. Maan riait beaucoup en racontant cette histoire, elle n'arrêtait pas de toucher ma tête. Elle a conclu en disant qu'on avait l'impression qu'il n'était qu'un fétu de paille sur son dos. Le pauvre ne pouvait même pas bouger. Depuis ce jour, à chaque fois que ma mère parle à mon père, il reste toujours pour l'écouter sagement. Nonck en a rajouté en disant que sa fille n'avait pas froid aux yeux, elle avait un sacré caractère. Il m'a regardé et a dit : "tu lui ressembles un peu". C'est bizarre, je me suis senti mal à l'aise, je ne la connaissais pas du tout, on ne m'avait jamais raconté d'histoire de ce genre.

Lorsque je suis parti me coucher, tous sont restés dehors à rigoler et à raconter d'autres histoires sur ma mère. Maan et Nonck étaient tellement heureux qu'ils voulaient rester éveillés toute la nuit. Luck devait aller chercher ma mère à l'aéroport de Toussaint Louverture. Cela inquiétait Maan car, à cette époque, la capitale n'était pas vraiment sûre. Mais Luck l'a rassurée, tout allait bien se passer. En me couchant, j'ai regardé la photo de ma mère, comme d'habitude. J'avais l'impression de la connaître sans vraiment la connaître. Pour la première fois, le lendemain, j'allais pouvoir la toucher, la regarder en détail, entendre sa voix. Ca serait autre chose que le téléphone rouge ou une cassette. Je me suis surpris à ressentir des émotions que je n'avais jamais ressenties auparavant, mon coeur battait à mille à l'heure. Je n'arrivais pas à fermer l'oeil alors je suis retourné dehors pour veiller avec les autres. En arrivant, je les ai trouvés bien silencieux, ils avaient cru entendre du bruit qui venait de la route. Maan a demandé si tout le monde était rentré de la séance vidéo. Ils sont tous sortis et je suis resté sur la galerie à regarder le ciel.

Ce soir-là était sombre et rempli d'étoiles. Nonck aimait danser lorsque c'était la pleine lune. J'aimais aussi beaucoup quand je voyais la lune aussi grande, il y avait même des étoiles filantes. Quand on en voyait, Maan disait toujours qu'il y aurait soit un mort soit un problème qui surgirait par la suite. Elle pense que ça porte malheur et elle ne perdait jamais son temps à regarder le ciel. Moi, je pouvais passer des heures à regarder les étoiles. J'admire le créateur de l'univers et toutes les merveilles qu'il a créées. Chaque personne sur cette planète a son étoile, Maan croit qu'un Français peut avoir son étoile en Haïti et qu'un Haïtien peut avoir son étoile en France. Cette idée me plaisait beaucoup car je pensais que je pouvais peut-être voir l'étoile de ma mère qui vivait en Guadeloupe. Je voulais choisir l'étoile qui pouvait correspondre à ma mère, je l'imaginais vaillante et forte. Elle devait briller dans tout le village.

J'étais complètement perdu dans mes pensées et c'est à ce moment-là que Tito est arrivé avec le souffle coupé. Il y avait une grosse bagarre entre deux familles, les La Guerre et les Dorsaint. Je voulais accompagner Tito pour voir mais Nonck nous a interdit de sortir à cette heure-là. Ce n'étaient que des vagabonds qui ne comprennent rien à la vie, ils ne faisaient rien d'autre que boire, manger et embêter les gens. Nonck nous a fait tout un sermon. Maan a quand même demandé à Tito ce qu'il se passait mais il n'avait pas assisté au début de la bagarre. Je savais qu'il n'avait pas tout dit d'après son regard. Il ne voulait probablement pas dévoiler ses secrets devant mes grands-parents. Il s'est servi un verre d'eau tandis que Nonck se plaignait encore de l'attitude irresponsable des jeunes qui se battaient. Ses propos étaient exagérés, Maan l'a traité de dictateur à parler ainsi, pourtant, Duvalier n'était plus au pouvoir et nous vivions dans un monde libre. D'après Nonck, Haïti n'était pas prêt pour la démocratie, il fallait guider tous ces jeunes perdus. Il a cité Duvalier qui disait que le peuple haïtien avait besoin de manger et de coups de matraques pour marcher droit. Je me demande quand même si c'était vraiment le fond de sa pensée ou s'il s'emballait seulement. En tout cas, quand il commençait, personne ne pouvait l'arrêter. Maan n'était pas d'accord et le disait bien fort, Duvalier père et fils, Aristide, Préval, c'étaient tous les mêmes. Au début, ils racontaient partout qu'ils feraient des miracles et, pour finir, ils ne pensaient qu'à eux-mêmes et à leurs proches. Ils en oubliaient totalement le peuple haïtien. Elle a voté pour la première fois pour Aristide, le prêtre qui s'est ensuite transformé en vorace du pouvoir.

Elle avait beaucoup misé sur lui mais depuis qu'elle était au courant de ses malversations, elle ne voulait plus entendre parler de politique. Je ne trouvais pas ça passionnant ces débats sur la politique alors je suis rentré dans la maison. Tito m'a suivi, je voulais qu'il me raconte vraiment comment la bagarre générale avait commencé. Il faisait son intéressant, il se faisait prier pour me donner des détails. Il essayait même de me faire culpabiliser de ne pas l'avoir accompagné. J'ai fait semblant d'être fâché, je lui ai dit que, s'il ne m'expliquait pas, je ne lui parlerais plus le lendemain. Surtout que ce n'était pas de ma faute, Maan ne voulait pas que je sorte de la maison. Il ne voulait pas l'entendre puisque d'habitude je n'en faisais qu'à ma tête, il avait pas tort. J'ai perdu patience et il a fini par m'expliquer qu'il était allé à la séance vidéo et que le film était complètement nul. On aurait dit un film français, sans aucune action. Tout le monde se plaignait, nous voulions tous que Michelet change de film pour mettre un film d'action. Même lui était d'accord sur le principe mais il a dit qu'il n'aurait pas assez de gaz dans son Delco pour recommencer un autre film puisqu'on était déjà au milieu du premier.

Il a fini par proposer de passer un film pornographique qui venait d'arriver de la capitale. Les enfants devaient partir bien sûr. La moitié de la salle est partie en insultant Michelet. Puis, le film a commencé et tout le monde rigolait d'entendre des cris pareils. Je lui ai demandé pourquoi il était resté mais il n'a pas répondu et a poursuivi son histoire. C'était la première fois qu'il voyait ce genre de scènes sur une vidéo. Quelques minutes plus tard, Claudi La Guerre est entré. Jackson a dit une phrase déplaisante à la mère de Claudi. Tito était juste derrière et a tout entendu. Finalement, c'est comme ça que tout a commencé. En deux temps trois mouvements, la dispute s'est transformée en bagarre. Tito a ri en disant que c'était le meilleur film d'action qu'il a jamais vu, en direct en plus. Toute la salle a été détruite, la télévision, le magnétoscope, les bancs, c'était une vraie pagaille. Tito s'est caché un peu en retrait, c'était trop dangereux, des bancs volaient de tous les côtés. Même dans son recoin, il a failli se prendre un morceau de banc sur la tête. Il était ravi d'avoir assisté à la bataille de l'année, selon ses mots.

XXVII

J'aurais bien aimé y être et, pendant un instant, je me suis senti un peu frustré. Mais je me suis vite consolé en pensant que le jour tant attendu arrivait enfin. Je suis allé me coucher sans pouvoir dormir. J'ai compté les heures dans mon lit. J'imaginais notre rencontre, comment je devrais réagir et me comporter devant elle. Est-ce que je devais l'appeler maman ou par son prénom? Trop de questions se bousculaient dans mon esprit, trop peu de réponses en sortaient. Je n'ai pas arrêté de tourner dans mon lit. Tout le monde était encore dehors à discuter encore et encore sur la vie de ma mère. Je ne me souviens pas quand mais j'ai fini par m'endormir.

Le lendemain, j'étais réveillé vers huit heures. Tout le monde s'activait déjà, chacun avait une tâche précise à accomplir dans la journée pour que tout soit prêt. Marie devait nettoyer la maison et la vaisselle, Ken et mes cousins devaient partir en forêt chercher du bois, David et moi devions aller cueillir des pois Congo dans l'un des jardins de Nonck. Ce qui était étrange par contre, c'est que Maan n'était pas encore réveillée, je pensais qu'elle était malade puisqu'elle ne fait jamais de grasse matinée, surtout un jour si important. Avec Marie, nous avons fini par la trouver pour lui demander si tout allait bien. Elle nous a répondu que non, ses yeux étaient tout rouges, ses paupières étaient très gonflées, on aurait dit qu'elle avait pleuré toute la nuit. J'ai pensé que c'était plus probablement parce qu'elle n'avait pas dormi. Marie m'a envoyé retrouver David qui m'attendait pour cueillir les pois, on devait en ramener beaucoup. Maan devait faire son pois Congo et du riz blanc, une vraie spécialité haïtienne. Il y avait un soleil de plomb au-dessus de nous, il ne fallait pas trop tarder. En arrivant, on s'y est mis tout de suite, il y avait beaucoup de mauvaises herbes, sans compter que les feuilles de pois Congo grattent beaucoup, alors avec le soleil cuisant, c'était dur. Tout était silencieux autour de nous, on entendait pas un seul oiseau chanter ni un chien aboyer. Il y avait juste une grosse chenille qui s'accroche dans les cheveux, à l'époque la mode était la coupe à la Jackson Five. Au bout d'une heure à peine, on ne pouvait presque plus respirer tellement la chaleur était insupportable. Nous nous sommes assis à l'ombre pour prendre un peu l'air. David m'a raconté sa journée de la veille en mer avec Nonck qui avait attrapé un énorme congre. Même Nonck était surpris d'avoir attrapé un poisson aussi géant. Mon frère et mes cousins sont passés près de nous à ce moment-là, ils avaient fini de couper du bois et le ramenaient à la maison. Avec David, on s'est dit qu'il fallait continuer, alors nous nous sommes remis à cueillir les pois. La chaleur était intenable mais nous étions rapides, une heure plus tard nous avions enfin terminé, le panier était rempli. En arrivant, nous avons vu Maan sur la galerie, qui nous attendait. Elle a demandé à tout le monde de l'aider à éplucher les pois, nous n'avions pas le choix et tout le monde a mis la main à la pâte.

Après cette corvée, je suis sorti avec Tito flâner sur la route. A chaque fois que je croisais une voiture, tout mon être frémissait. Pourtant, je savais bien que ma mère devait arriver vers dix-sept heures et il n'était qu'à peine midi. Ça a été la journée la plus longue de ma vie. Je voulais rester sur la route mais nous avons fini par rentrer. J'avais faim mais j'étais bien incapable de manger, mon estomac était noué.

Vers seize heures, nous nous sommes tous réunis sur la galerie à attendre. Le soleil faiblissait puis est passé derrière le morne Corage. Toutes les deux minutes, Ken allait regarder l'heure sur le petit réveil rouge du salon. Ça me stressait plus qu'autre chose de le voir faire ça. Ça faisait longtemps que nous ne nous étions pas tous réunis. Seul Nonck était assez sinistre, il avait bu, comme chaque fois qu'il célébrait un évènement heureux. Il avait à chaque fois une façon de parler qui plombait l'ambiance. La véranda était très calme, tout le monde avait la tête ailleurs, moi le premier. L'idée même d'une conversation nous paraissait malvenue. Nous guettions le moindre bruit venant de la route nationale. A mon goût, c'était trop silencieux. Je tremblais et commençais à pas me sentir bien du tout. Je me suis mis à me gratter partout comme si j'étais tombé dans un trou de fourmis. La minute d'après, je ne sentais plus aucune sensation dans mon corps. J'attendais depuis mes onze mois...
Aline est venue vers moi quand elle a remarqué que je me décomposais petit à petit dans mon coin. Elle m'a demandé si tout allait bien. J'ai entendu sa voix mais j'étais bien incapable de répondre.

Il devait être seize heures cinquante lorsqu'on a vu Luck rentrer dans la cour avec une mallette et une valise à la main. Ken et mes cousins se sont mis à courir pour aller à la rencontre de ma mère. J'étais totalement incapable de bouger , mon corps était trop lourd, je me sentais ailleurs. Et puis, subitement, j'ai couru rattraper mon frère et mes cousins. J'ai vu Ken voler dans les bras de ma mère. Puis elle a demandé où j'étais et, quand elle m'a vu, elle s'est mise à pleurer. J'ai stoppé d'un coup sec, elle a ouvert grand les bras pour m'accueillir. J'y suis arrivé un peu farouchement mais elle m'a serré très fort, même trop car je n'arrivais presque plus à respirer. J'étais sur un petit nuage, j'entendais à peine le bruit que faisaient les gens autour de moi. Quand elle a fini par me relâcher, c'était un peu un soulagement tellement elle m'avait serré fort. Ses larmes n'arrêtaient pas de couler. Si je me souviens bien, Ken et moi étions chacun d'un côté d'elle.

Derrière elle, il y avait notre petite soeur qu'elle nous a présentée pour la première fois. Elle s'appelle Judith. La robe de ma mère était une grande robe bleue, Judith était caché derrière, on aurait dit qu'elle avait peur de nous. J'ai deux ans de plus qu'elle et je me suis dit qu'elle ne devait pas comprendre toute cette agitation autour d'elle. Ken a finalement pris une valise et est parti devant. Je suis resté avec ma mère et Judith de l'autre côté. Nous avancions ensemble. Ma mère sentait très bon, on aurait dit de la mangue bien mûre du mois de mai, elle était aussi bien plus grande et mille fois plus belle que la photo que j'avais d'elle. Elle s'est arrêtée plusieurs fois en route pour toucher mon visage et m'a demandé pourquoi j'étais si maigre. Encore une fois, elle s'est baissée pour être à ma hauteur et m'embrasser. Elle s'est remise à pleurer. Je ne sais pas pourquoi, mais, à chaque fois qu'elle pleurait, Judith s'y mettait aussi. Nous entendions des cris de joie venir de la maison. C'était surtout Marie qui, suite à ses jambes qui lui faisaient très mal, ne pouvait pas trop bouger. Ma mère a accéléré la marche pour la retrouver. Elle remerciait le Bon Dieu de lui avoir permis de retrouver son enfant vivant. Elle avait hâte de prendre sa fille dans ses bras ainsi que ses vieux parents. A moins de cent mètres de l'entrée, elle s'est arrêtée de parler. Ses larmes avaient pris le pas sur les mots. J'entendais, j'en suis sûr, son souffle et son coeur qui battait la chamade. Quand nous sommes arrivés à la barrière, elle a vu Marie et Maan, j'ai cru qu'elle allait s'évanouir tellement l'émotion était forte. Elles se sont toutes enlacées ensemble et pleuraient en même temps.

C'était des larmes de joie, nous étions tous tellement heureux. Même Nonck a fini par verser sa petite larme lorsque ma mère l'a prise dans ses bras. Je crois bien que c'est la première et dernière fois de ma vie que j'ai vu Nonck pleurer. Tout le voisinage est venu rendre visite à ma mère, le défilé a duré toute la soirée et une partie de la nuit. Nous sommes finalement allés nous coucher vers deux heures du matin. Personne n'arrivait à dormir alors ma mère nous a distribué les cadeaux qu'elle avait apportés de la Guadeloupe. Il y avait surtout des vêtements mais pas seulement. Tous les vêtements qu'elle m'avait ramenés étaient trop grands pour moi, je l'ai sentie gênée mais je ne lui en voulais pas du tout. Elle ne connaissait pas ma taille, j'étais particulièrement grand et maigre pour mon âge. Personne n'a dormi de toute la nuit à part Judith. Ma mère nous a raconté son voyage et à quel point nous lui avions manqué. Elle disait : "Depuis que j'ai acheté ces billets d'avion, j'ai passé de nombreuses nuits blanches à imaginer ma présence parmi vous. Vous êtes mon plus grand bonheur, personne au monde ne pourrait être plus content que moi en cet instant". J'avais passé tellement de temps moi aussi à imaginer cet instant que je ne faisais que la regarder fixement. Ce n'était plus mon imagination ni une photo. Je pouvais maintenant la toucher, elle était réelle. Je n'ai pas parlé pendant la nuit mais elle m'a beaucoup touché, elle posait doucement sa main sur mon épaule, elle la passait dans mes cheveux et pourtant Dieu sait que je n'aime pas ça normalement mais là j'ai trouvé ça très agréable. Elle avait des grandes mains pour une femme, elles étaient douces et ses ongles étaient longs. Je me souviens de tous ces détails aujourd'hui encore. Nous n'avons pas vu le jour arriver mais nous avons entendu du bruit dehors. Le quartier commençait à affluer alors qu'il faisait à peine clair. Ma mère est sortie avec un grand sac de friandises à distribuer aux enfants.

Je suis resté dans la chambre avec Maan qui m'a dit à quel point ma mère était une femme généreuse. De plus, c'était une femme très gentille dans sa jeunesse, c'était pour ça que tout le monde était content de la voir de retour parmi nous. Je voulais parler aussi mais elle m'a retiré les mots de la bouche, elle ne voulait pas que je réveille Judith qui dormait encore. Alors nous sommes sortis. Durant tout le séjour de ma mère, nous avons été très proches. Le seul problème était que Judith et moi ne nous entendions pas du tout. Avec le recul, je me dis qu'inconsciemment, il devait y avoir de la jalousie de ma part et de la sienne. Avant, elle avait ma mère pour elle toute seule et, d'un coup, elle se retrouvait avec deux grands frères et une grande soeur ainsi que de nombreux cousins. Elle a dû avoir l'impression qu'on lui volait sa mère. De mon côté, j'étais jaloux de leur complicité mère et fille surtout que j'avais grandement besoin d'affection. On avait tous la même mère mais on avait vécu des histoires différentes. On y pouvait rien, c'est la vie, la pauvreté nous avait séparés. Maintenant, nous le savons, ce n'était pas notre faute. Mais, à l'époque, dès que nous étions ensemble, c'était la bagarre. J'ai souvent reproché à Judith d'être née à l'étranger et de se sentir différente ou plus importante que nous.

Ma mère, pendant ce séjour, a rendu visite à tous les gens qu'elle n'avait pas vus depuis si longtemps. Elle était souvent absente la journée et ne rentrait que dans l'après-midi. Judith allait la voir en pleurant et en se plaignant de moi. Un soir, ma mère m'a appelé près d'elle pour me dire qu'il fallait que je sois plus gentil avec Judith parce que c'était ma petite soeur, que je ne devais pas la faire souffrir. Elle m'a demandé aussi de l'accompagner pendant ses sorties. J'étais ravi par cette idée. A chaque fois que nous partions sur la route, elle me racontait sa vie plus jeune, quand elle était encore en Haïti. "La vie n'était vraiment pas facile, avec trois enfants et sans travail. La vie politique du pays était catastrophique. Un dictateur en remplaçait un autre. Du coup, quand j'ai eu l'opportunité de partir, j'ai beaucoup hésité à cause de vous mais j'ai senti que je ne pouvais pas dire non. Je voulais une meilleure vie pour vous, meilleure que ce que j'avais eu moi. Et puis, je savais que je vous laissais dans de bonnes mains. Mais, mon petit Charlotin, tu n'as pas idée comme vous m'avez manqué, comme j'ai souffert de cette distance. Le jour de mon départ, je savais ce que je devais faire mais je n'avais aucune envie de monter dans cet avion. En arrivant dans ce pays étranger, je ne parlais pas la langue locale puis mon visa est arrivé à expiration et je n'avais toujours pas de travail. J'habitais chez une tante qui me prenait pour sa femme de ménage. Elle me mettait beaucoup de pression sur les épaules, tous les jours. J'étais pour ainsi dire devenue son esclave. J'avais à peine le droit de sortir alors que j'avais tout de même trente-cinq ans. Elle me faisait peur, je n'avais même pas le droit de prendre une douche tous les jours. Elle me disait que, si je n'obéissais pas, elle appellerait la police. Je devais aussi m'occuper de ses enfants, ce qui était particulièrement dur car je pensais à vous. Charlotin, mon petit Charlotin, la vie n'était pas simple.Quand tu es dans un pays où tu ne connais personne, c'est difficile de s'en sortir tout seul. Dans mon cas, c'est vous mes enfants qui m'avez permis de tenir le coup. Est arrivé un moment où je ne voulais plus me laisser faire. Lorsqu'elle emmenait ses enfants à l'école, je sortais dans le quartier en me disant, si la police m'arrête, alors tant pis. Et puis finalement, un jour où j'allais rentrer chez cette diablesse, j'ai rencontré une vieille dame avec un gros sac rempli de provisions. Elle avait du mal à marcher alors je l'ai aidé à porter ses courses. Nous avons discuté durant plusieurs heures. Elle m'a raconté qu'elle cherchait une femme de maison qui ferait son repassage, son ménage, qui l'aiderait aussi à préparer les repas. Je me suis dit que Dieu avait envoyé cette vieille dame sur mon chemin. Elle m'a donné mon premier emploi et, comme elle habitait dans une grande maison, elle m'a en plus loué une chambre chez elle. C'est grâce à elle que je suis sortie de mon calvaire. C'est à cette époque que j'ai rencontré le père de Judith, il était jardinier pour la maison d'à côté". En écrivant ces mots, je ressens encore beaucoup de tristesse. Je me demande comment j'ai pu être aussi égoïste avant. Chaque mot que j'écris ici est comme une thérapie. Je sais que le temps seul me fera guérir mais n'effacera pas les moments difficiles. Lorsque ma mère me racontait sa vie en Guadeloupe, je sentais que chaque parole était pénible à sortir. Je la sentais ralentir comme si elle ne voulait pas rentrer à la maison. J'ai pensé que je voulais moi aussi que ce moment de partage ne s'arrête jamais. Juste avant d'arriver, elle s'est complètement arrêtée et s'est mise face à moi. "Charlotin, quand je rentrerai en Guadeloupe, je ferai absolument tout ce qui est en mon pouvoir pour que vous me rejoigniez. Je mettrai pièce par pièce de côté pour que vous veniez habiter avec moi". Elle m'a ensuite serré dans ses bras et m'a embrassé trois ou quatre fois. J'étais complètement chamboulé par ces paroles que j'ai méditées une bonne partie de la nuit suivante. J'ai réalisé qu'elle n'était pas venue pour rester avec nous.

Ça faisait déjà un mois qu'elle était parmi nous mais c'est seulement lorsqu'elle nous a fait cette promesse que je me suis rendu compte qu'elle allait partir. Si j'ai appris quelque chose ce soir-là, c'est que tout enfant a besoin d'une mère, même si j'ai eu tout l'amour dont un enfant a besoin de la part de ma grand-mère, c'est pas pareil. Sa présence faisait sortir en moi des émotions, des sentiments nouveaux dans tout mon être et dans mon coeur. Je me suis demandé si elle savait que je l'admirais avant même de la connaître. Maintenant que je sais quel genre de femme et de mère elle est, je l'admire encore plus. J'étais un petit garçon fier, aujourd'hui je le suis encore plus. Le mois est passé tellement vite, je m'étais habitué à sa présence parmi nous.

La veille de son départ, nous étions tous réunis sur la véranda. Maan avait organisé une petite fête, Nonck avait tué un cabri. Nous avons bu et rigolé toute la soirée. Ma mère devait partir très tôt le lendemain pour rejoindre Port-au-Prince car son vol partait à onze heures du matin. Cette soirée était étrange, personne ne voulait se coucher. Ma mère a demandé à Nonck de lui raconter son histoire préférée et il s'en est chargé avec plaisir. "Une jeune fille vivait avec sa belle-mère après la mort de sa mère. A chaque fois que son père sortait travailler ou pour autre chose, sa belle-mère lui faisait subir de mauvais traitements. Elle était très méchante mais surtout elle la frappait. Un jour qu'elles étaient dans la cuisine, elle a voulu la taper avec une casserole. La fille, prise de panique et tremblotante, a tenté de s'enfuir. En partant, elle s'est cognée contre la gazinière et la casserole est tombée sur la belle-mère qui la poursuivait. La belle-mère est tombée sur le carrelage et la casserole remplie d'huile bouillante lui a brûlé toute une partie du visage et de son corps." C'est comme ça que nous avons passé une bone partie de la soirée, à se raconter des histoires. Même Maan s'y est mise, si je me souviens bien, elle nous a raconté une histoire qui nous a tous fait rigoler pendant plusieurs minutes. Je ne savais pas que ma grand-mère était aussi bonne conteuse. Cette histoire était très intéressante, elle m'a marqué et, encore aujourd'hui, je me la rappelle. "Moris était marié à Véronique et ils avaient deux enfants, Tijo et Tiga. Ils étaient de modestes gens, Moris à l'usine et Véronique était femme au foyer. Moris était un homme gentil et attentionné avant qu'ils aient des enfants. Il mangeait directement dans la casserole et était content parce que toute la nourriture que sa femme préparait lui revenait. Depuis qu'ils avaient Tijo et Tiga, les choses avaient changé. Lorsqu'il rentrait du travail, il n'avait jamais assez à manger. Il était devenu de plus en plus irrespectueux envers sa femme. Véronique n'y pouvait rien, elle n'avait pas assez d'argent pour faire un festin tous les jours. Un jour plus particulièrement il s'est énervé et a frappé Véronique. Depuis, à chaque fois qu'il ne trouvait pas assez à manger pour elle, il la frappait. Donc, tous les jours, Véronique mangeait peu et donnait aussi peu à ses enfants et pourtant elle n'arrivait toujours pas à le contenter. Elle a finalement décidé de raconter son calvaire au chef du village qui a eu une idée. Il a demandé de l'aide aux voisins qui, sans hésiter, ont donné de l'argent à Véronique pour qu'elle prépare un grand festin pour son mari. Ils ont proposé de rester avec eux jusqu'à ce qu'il ait tout mangé. Véronique a envoyé les enfants chez des voisins. Le chef du village et ses hommes se sont cachés dans la chambre. Moris est rentré chez lui sans dire bonjour à sa femme, il s'est précipité à table et s'est mis à dévorer tout ce qu'il a trouvé sans même demander à sa femme comment elle avait trouvé l'argent pour préparer un tel festin. Lorsqu'il s'est arrêté de manger, le chef est apparu avec ses hommes en l'obligeant à tout finir et qu'il ne sortirait pas de table avant. Il n'en pouvait tellement plus qu'il n'arrivait plus à porter sa main à la bouche mais le chef était là pour le pousser. Il a atteint ses limites et la nourriture s'est mise à sortir de son corps par tous les côtés. Il n'arrivait même plus à parler, il a demandé pardon à Véronique mais ça ne l'a pas touchée. Il a fini par s'évanouir et ils l'ont laissé planté là". Quelque temps après, j'ai appris que cette histoire était vraie, elle se passait au Zenglais, pas très loin d'Aquin.

Nonck connaissait ce Moris. Je ne sais pas pourquoi cette histoire plaisait tant à ma mère. Cette soirée restera à jamais gravée dans ma mémoire. Vers trois heures du matin, nous avions tous envie de dormir mais personne ne voulait laisser ma mère même une seconde. Elle est rentrée dans la chambre préparer ses affaires et nous l'avons suivie comme un petit troupeau. Elle a essayé de parler mais c'était dur car ses larmes coulaient. Elle disait que nous étions son carburant, qu'elle avait besoin de nous, que nous lui étions indispensables, qu'elle avait besoin de nos forces et nos prières. Nous étions tous déboussolés mais nous savions qu'elle n'avait pas d'autre possibilité pour survenir aux besoins de notre famille. Elle n'avait pas le choix. Nous étions tous abattus et même Maan était tristounette. Il s'est mis à pleuvoir d'un coup. C'était comme si le ciel pleurait avec nous, l'ambiance était morose. Nous étions heurtés par la violence de la vie et de la misère. Ma mère a finalement pris le bus sous la pluie. Je me souviens du geste qu'elle a eu pour moi, elle m'a embrassé le front un long moment, nos larmes se sont croisées et mélangées. Je suis resté là à regarder le bus disparaître dans le brouillard, j'avais l'impresion que mon coeur allait exploser. La pluie était chaude et, pourtant, tout mon corps était gelé, on aurait dit que j'étais au pôle Nord. Un sentiment a resurgi de nulle part, je me suis vu dans un mirage. J'ai vu ma mère et ma grand-mère, nous étions tous les trois réunis pour l'éternité. Dans ma vision, j'ai entendu murmurer dans mon oreille des mots réconfortants, comme une musique qui se répète encore et encore. J'ai fait d'abord la sourde oreille à cette voix mais elle continuait de plus en plus fort. J'ai supposé que c'était Erzulie qui me parlait. Je voulais changer, ne plus être le garçon qui se comporte mal et qui fait souffrir Maan. Je voulais être un jeune garçon responsable, oublier les bagarres et arrêter de flâner sans but. J'avais été lamentable dans le passé et il fallait que ça change. Il fallait que j'arrête de me braquer pour rien, c'était décidé.

Lettre à Maan

Je sais, je n'ai pas été un enfant facile
Je t'ai rendu la tâche difficile
J'ai été un missile envers tous ceux qui m'approchaient
Je sais que je t'ai fait souffrir et pourtant tu as toujours été la seule qui m'a défendu quand j'en avais besoin
Tu es la seule qui me connaît vraiment
Je t'aimais tellement et je t'aimerai toujours autant
Ma grand-mère chérie, ma mère m'a laissé dans tes bras quand j'avais onze mois pour chercher une vie meilleure à l'étranger
Je ne regrette rien parce que j'ai été ton petit-fils adoré
Je n'ai jamais manqué de rien
Maan, partout où je passerai, quelle que soit la position dans laquelle je serai, je ne t'oublierai jamais
Sois-en sûre, je reviendrai dans tes bras à coup sûr
Je sais que je t'ai causé beaucoup de désagréments et maintenant que je suis grand, crois bien que je le regrette vraiment
Maan, je maudis le jour où je devrai te dire au revoir
S'il y a une et une seule personne qui mérite de vivre indéfiniment sur cette terre, c'est toi
Parfois je me tourne vers Dieu et lui demande si je pourrai te remplacer
Je sais que tu comptes sur moi pour t'emmener au cimetière
Je suis confiant pour toi, tu auras ta place au paradis, que ce soit au ciel ou sur la terre

L'inspiration

    Je me souviens, quand j'étais petit, la chose que j'aimais le plus c'était chanter. J'ai toujours été très inspiré et aspiré par la musique. Je faisais partie d'un groupe appelé Basic. Nous étions trois. J'adorais créer de nouvelles chansons. Mes camarades disaient de moi que j'avais un talent fou car je peux écrire un texte en dix minutes à peine. Il suffit que l'on me raconte une histoire et moi je la traduis en chanson. Je n'aime pas l'école mais j'aime lire les livres d'histoire qui m'apportent quelque chose de nouveau. Récemment, je suis tombé sur un livre de Dany Lafferrière dont le titre est *L'odeur du café*. J'ai adoré lire ce petit bouquin, depuis ce jour je me suis mis à raconter et écrire l'histoire de mon enfance. Les écrivains disent souvent que l'inspiration vient d'une résilience ou de la souffrance dont on a besoin pour s'exprimer. Je ne peux qu'être d'accord. Depuis ma première chanson et ma mémoire qui me troublait, l'écriture m'apaise. Mon inspiration vient de ma vie, mes amis me disent souvent que ma vie est un roman que je reflète dans mes chansons. Je ne sais pas si c'est un compliment mais l'écriture remplit un vide. Peut-être que je n'ai pas assez de dialectique, je ne fais pas joli pour faire joli mais avec moi vous n'avez pas à chercher du vocabulaire dans le dictionnaire. J'écris pour ma survie, je ne prétends pas être un écrivain, je n'ai pas les mots ni assez de vocabulaire. J'espère que vous trouverez dans mes écrits l'envie de me lire et de connaître mon histoire.

Remerciements

Je voudrais remercier ma famille, à l'origine de ce récit. Un grand merci à ma grand-mère, Maan, et à mon grand-père, Nonck, pour tout leur amour. Que l'âme de mon grand-père repose en paix.
Merci à mes soeurs Marie et Judith.
Un remerciement particulier à Isabelle Pottier pour son soutien et d'avoir été la première à avoir cru en moi. Merci aussi à sa famille, sa mère et sa grand-mère.
Un grand merci à mon ami David Bolivard pour son soutien moral.
Merci à mon ami Jean-Luc Meneut qui m'a toujours poussé à ne rien lâcher.

Et merci à ma maison d'Edition, L'Harmattan, d'avoir osé publier mon livre.

Je dédie ce livre à ma mère, Ghislaine Soliman.

Romans et nouvelles des Caraïbes aux éditions L'Harmattan

Dernières parutions

LES ILLUSIONS DU SANG
Roman
Georges Leno
Ann Rainville est une Américaine de Virginie. Férue de culture française, elle quittera son sud natal pour Paris. Après son mariage avec un jeune Créole, elle partira s'établir en Martinique. Dans le milieu où elle tentera de s'immerger, le mode de vie clanique semble relever d'un principe fondateur ; aussi son union avec le fils d'une riche famille du cru sera-t-elle récusée comme « contre nature ». Au-delà de sa confrontation avec la virulence des normes sociales, la jeune étrangère s'inscrit dans le récit comme une sorte de révélateur d'un monde encore profondément marqué par l'économie de plantation, et les rapports aussi indéfectibles que dénaturés entre héritiers des colons et descendants des peuples razziés d'Afrique...
(Coll. Lettres des Caraïbes, 17 euros, 206 p., mars 2015)
EAN : 9782343055152 / EAN PDF : 9782336371115

RACINE ? RACINES...
Roman
Yvelise Vetral
Quand Marmonet apparaît sur le haut du morne si droit et si grand, toutes les bouches s'entrouvrent de stupéfaction. Est-ce bien lui, ce nègre blanc, responsable du destin de la petite Imprévue, originaire d'Haïti, rescapée du naufrage qui a détruit son embarcation et retrouvée esseulée, toute nue dans une flaque d'eau ? Avec une plume piquante, Yvelise Vetral emmène le lecteur sous les Tropiques, dans l'île de la Martinique, à l'époque où les plantations faisaient vivre la plupart des gens. On peut presque sentir sa sueur perler ou un fourmillement persistant dans ses orteils tant on est au cœur de l'action imprégnée de la langue créole.
(Coll. Lettres des Caraïbes, 16 euros, 140 p., octobre 2014)
EAN : 9782343043081 EAN PDF : 9782336357416

CHRONIQUE DES LILAS
Georges Leno
Les Antillais de France héritent de leur exil une curieuse métamorphose : ils se transmuent en Négropolitains. Ce calembour accuse l'altérité de ces ex-îliens et leur prête implicitement une abjuration de leurs origines. Gaby, jeune exilé dans le Paris des années soixante, n'échappera pas au grief. Creuset où se fondent

français et créole dans leurs styles populaires ou recherchés, le roman se déploie dans une langue plurielle et fournit une écriture dense, une nouvelle poésie du contact des cultures.
(Coll. Lettres des Caraïbes, 29 euros, 290 p., décembre 2012)
ISBN : 978-2-296-99727-1 EAN PDF : 9782296510715 EAN ePUB : 9782296988996

SUR LA ROUTE DE MONTE CHRISTI
Adios Cuba te quicro – Roman
Mikaël Rémond
La Caraïbe dans les années 1990. Les aventures de gens de mer à la poursuite de leur légende personnelle. De La Havane à Fort-Liberté, l'auteur nos entraîne dans une succession d'événements et d'intrigues, de rencontres amoureuses et de réflexions personnelles. Il dresse un tableau bigarré et cherche à nous faire partager une part plus intime de ces deux pays. Et son final inopiné en fait une histoire vraie, à quelques millions de dollars près...
(21 euros, 196 p., décembre 2012)
ISBN : 978-2-336-00193-7 EAN PDF : 9782296511729

DEUX (LES) ENFANTS DE SAINT-DOMINGUE
suivi de *L'esclave de Saint-Domingue*
Julie Gouraud
Présentation de Roger Little
Ce sont les retombées de la révolution haïtienne, vues à travers les expériences d'une famille créole, que Julie Gouraud présente dans ce roman. Dans la nouvelle de Michel Möring, une autre famille créole fuit la même révolte. Dans les deux cas, on voit bien que les esclaves participent du *topos* du bon sauvage ancré dans la littérature depuis Rousseau.
(Coll. Autrement mêmes, 23 euros, 202 p., octobre 2012)
ISBN : 978-2-336-00205-7 EAN PDF : 9782296507302 EAN ePUB : 9782296985582

NOËL NOIR
Les trois tanbou du vieux coolie - (tome 2)
Raphaël Caddy
Ce voyage qu'il avait tant appréhendé lui sembla en fin de compte très court. En mettant le pied sur la terre de France, cette terre dont tous rêvaient, cette «Terre divine», il ne put s'empêcher de verser une larme. Le souvenir de cette «veille de Noël» où les foudres du ciel lui étaient tombées sur le cœur lui revenait en mémoire. Le port de Marseille était inondé de lumière, la gare St-Charles fourmillait de monde. Et pourtant l'enlèvement eut lieu ! Première et terrible défaite !
(Coll. Lettres des Caraïbes, 34 euros, 336 p., septembre 2012)
ISBN : 978-2-296-96432-7

UN TRAIN DANS LA NUIT
Les trois tanbou du vieux coolie – (tome 3)
Raphaël Caddy
«Et dans ce train menant un vacarme infernal et hurlant sa peur dans la nuit ; dans le long et froid couloir de cette machine d'Enfer, le vieux Coolie, assis à

califourchon sur son «Toung-Bang» lui souriant de toutes les ridules étoilant le coin de ses yeux pétillants de malice.» (Extrait.)
(Coll. Lettres des Caraïbes, 27,5 euros, 266 p., septembre 2012)
ISBN : 978-2-296-96433-4

EN GUYANE : LE NOMMÉ PERREUX
Suivi de *Nouvelles antillo-guyanaises*
Paul Bonnetain – Présentation de Frédéric Da Silva
Paul Bonnetain rapporte de son expérience militaire aux Antilles et en Guyane une série d'anecdotes et de descriptions impressionnistes qui sont les témoignages ironiques et pittoresques de la vie coloniale à la fin du XIXe siècle. Il en propose une vision bien plus sombre dans *Le Nommé Perreux*, roman naturaliste qui dépeint le destin tragique d'un jeune troupier. Les textes rassemblés dans ce volume offrent comme un contrepoids aux récits d'explorateurs et aux romans d'aventures qui ont nourri les illusions coloniales.
(Coll. Autrement mêmes, 31 euros, 284 p., juillet 2012)
ISBN : 978-2-296-99388-4

ENFANT (L') QUI VOULAIT DEVENIR PRÉSIDENT
Roman
Pierre Beaudelaine
Dans ce roman, l'auteure nous entraîne dans le pays «d'en dehors», l'Haïti rural de l'Artibonite. A travers les personnages, celle-ci nous fait partager la vie quotidienne du marché et des quartiers de Saint-Michel-de-l'Attalaye. Dans une langue savoureuse traversée par un créole haïtien riche et expressif, Beaudelaine livre la chronique d'un petit bourg sous la dictature de Baby Doc. Le fabuleux destin du héros est hanté par l'histoire haïtienne et le désir du peuple haïtien de bâtir une nation pour tous et pour toutes.
(Coll. Lettres des Caraïbes, 22.00 euros, 224 p.)
ISBN : 978-2-296-97003-8

L'Harmattan Italia
Via Degli Artisti 15; 10124 Torino
harmattan.italia@gmail.com

L'Harmattan Hongrie
Könyvesbolt ; Kossuth L. u. 14-16
1053 Budapest

L'Harmattan Kinshasa
185, avenue Nyangwe
Commune de Lingwala
Kinshasa, R.D. Congo
(00243) 998697603 ou (00243) 999229662

L'Harmattan Congo
67, av. E. P. Lumumba
Bât. – Congo Pharmacie (Bib. Nat.)
BP2874 Brazzaville
harmattan.congo@yahoo.fr

L'Harmattan Guinée
Almamya Rue KA 028, en face
du restaurant Le Cèdre
OKB agency BP 3470 Conakry
(00224) 657 20 85 08 / 664 28 91 96
harmattanguinee@yahoo.fr

L'Harmattan Mali
Rue 73, Porte 536, Niamakoro,
Cité Unicef, Bamako
Tél. 00 (223) 20205724 / +(223) 76378082
poudiougopaul@yahoo.fr
pp.harmattan@gmail.com

L'Harmattan Cameroun
BP 11486
Face à la SNI, immeuble Don Bosco
Yaoundé
(00237) 99 76 61 66
harmattancam@yahoo.fr

L'Harmattan Côte d'Ivoire
Résidence Karl / cité des arts
Abidjan-Cocody 03 BP 1588 Abidjan 03
(00225) 05 77 87 31
etien_nda@yahoo.fr

L'Harmattan Burkina
Penou Achille Some
Ouagadougou
(+226) 70 26 88 27

L'Harmattan Sénégal
10 VDN en face Mermoz, après le pont de Fann
BP 45034 Dakar Fann
33 825 98 58 / 33 860 9858
senharmattan@gmail.com / senlibraire@gmail.com
www.harmattansenegal.com

L'Harmattan Bénin
ISOR-BENIN
01 BP 359 COTONOU-RP
Quartier Gbèdjromèdé,
Rue Agbélenco, Lot 1247 I
Tél : 00 229 21 32 53 79
christian_dablaka123@yahoo.fr

Achevé d'imprimer par Corlet Numérique - 14110 Condé sur Noireau
N° d'Imprimeur : 126412 - Dépôt légal : février 2016 - *Imprimé en France*